Discovery EDUCATION

맛있는 과학

디스커버리 에듀케이션
맛있는 과학-44 음식 속의 과학

1판 1쇄 발행 | 2012. 6. 26.
1판 3쇄 발행 | 2018. 3. 11.

발행처 김영사
발행인 고세규
등록번호 제 406-2003-036호
등록일자 1979. 5. 17.
주 소 경기도 파주시 문발로 197(우10881)
전 화 마케팅부 031-955-3102 편집부 031-955-3113~20
팩 스 031-955-3111

값은 표지에 있습니다.
ISBN 978-89-349-5808-6 64400
ISBN 978-89-349-5254-1 (세트)

좋은 독자가 좋은 책을 만듭니다. 김영사는 독자 여러분의 의견에 항상 귀 기울이고 있습니다.
독자의견전화 031-955-3139 | 전자우편 book@gimmyoung.com | 홈페이지 www.gimmyoungjr.com
어린이들의 책놀이터 cafe.naver.com/gimmyoungjr | 드림365 cafe.naver.com/dreem365

어린이제품 안전특별법에 의한 표시사항
제품명 도서 **제조년월일** 2018년 3월 11일 **제조사명** 김영사 **주소** 10881 경기도 파주시 문발로 197
전화번호 031-955-3100 **제조국명** 대한민국 ⚠**주의** 책 모서리에 찍히거나 책장에 베이지 않게 조심하세요.

최고의 어린이 과학 콘텐츠
디스커버리 에듀케이션 정식 계약판!

Discovery EDUCATION

맛있는 과학

44 | 음식 속의 과학

진소영 글 | 김준연 그림 | 류지윤 외 감수

주니어김영사

차례

1. 탄수화물의 숨은 이야기

2. 조미료의 숨은 이야기

3. 채소와 과일의 숨은 이야기

4. 액체 속의 숨은 이야기

5. 발효 과학 이야기

관련 교과

초등 3학년 1학기 1. 우리 생활과 물질
초등 4학년 2학기 3. 열 전달과 우리 생활
중학교 1학년 2. 분자의 운동

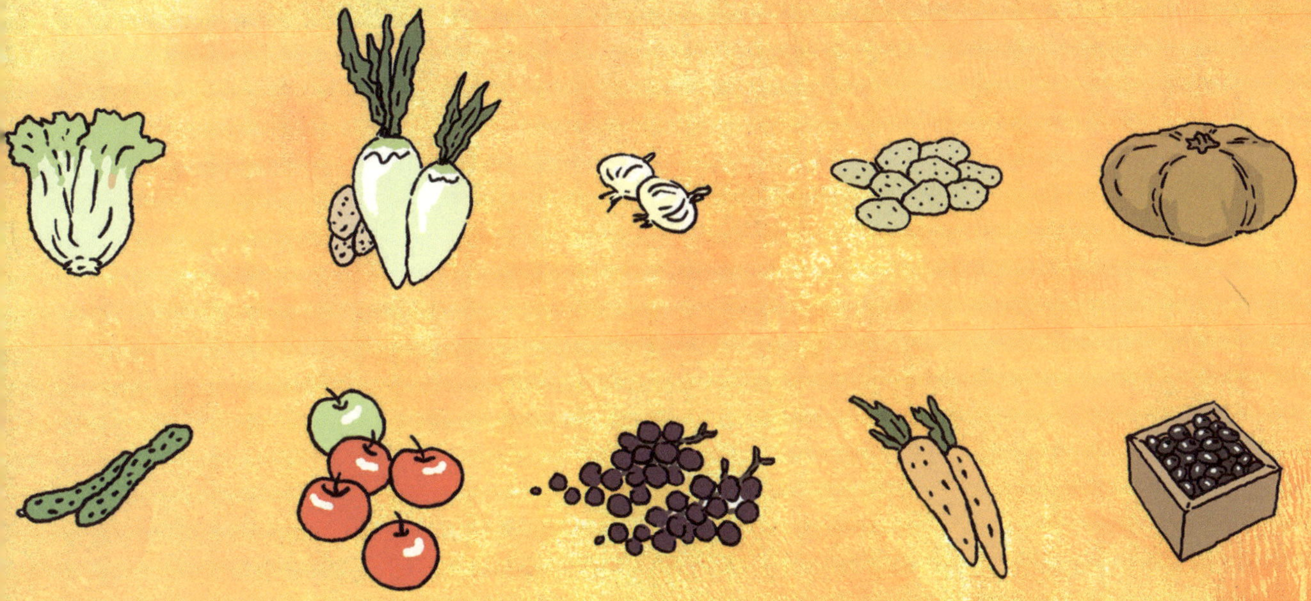

1. 탄수화물의 숨은 이야기

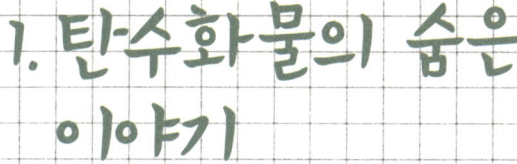

탄수화물은 탄소와 수소가 결합한 물질이라는 뜻입니다. 쌀, 보리, 고구마, 감자, 옥수수 등 우리가 주식으로 먹는 음식들이 탄수화물에 속합니다. 밥이나 빵으로 우리가 거의 매일 먹는 탄수화물 식품을 통해 비밀 같은 화학 원리들을 알아볼까요?

찬밥은 왜 맛이 없을까요?

우리는 매일 세 끼를 먹는데, 주로 밥을 먹습니다. 그런데 따뜻한 밥을 먹을 때와 식은 밥을 먹을 때 그 맛이 다르게 느껴집니다. 이유가 무엇일까요? 밥을 지으려면 쌀에 물을 붓고 알맞게 익혀야 합니다. 딱딱한 생쌀은 먹기도 힘들고 소화도 잘 안 되지요. 그런데 쌀을 익혀서 만든 밥은 말랑말랑해져서 먹기도 좋고 소화도 잘 됩니다. 이것은 쌀의 주성분인 녹말의 성질이 변했기 때문입니다.

쌀에 들어 있는 녹말은 주로 아밀로스와 아밀로펙틴 분자로 이루어져 있는데, 이들이 합쳐지면 녹말 또는 전분이라고 부르는 성분이 됩니다. 쌀 속에 들어 있는 녹말은 아밀로스와 아밀로펙틴이 사슬 모양으로 규칙적으로 모여 있는 것이지요. 이것을 '베타 녹말'이라고 부릅니다. 그래서 생쌀일 때의 녹말은 입자가 촘촘하고 치밀하지만, 쌀을 익혀 밥을 지으면 부피가 대략 두 배 정도나 늘어나지요. 익히는 과정에서 물 분자가 녹말 사이에 들어가 부피가 커지는데, 이때 녹말 입자 사이로 물이 스며들어 입자가 느슨해집니다. 이렇게 변한 녹말의 상태를 '알파 녹말'이라고 합니다.

전분

녹색 식물의 엽록체 안에서 광합성으로 만들어져 뿌리, 줄기, 씨앗 따위에 저장되는 탄수화물입니다. 맛과 냄새가 없는 흰색 분말로 찬물에는 녹지 않습니다.

생쌀에 물이 스며들어
쌀의 녹말 부피가 커지면
밥이 되는 거라고.

베타 녹말이 알파 녹말로 변하는 것을 녹말의 호화라고 부릅니다. 즉 밥을 짓는 것은 녹말을 호화시키는 과정입니다. 그래서 따뜻한 밥이 식으면 녹말이 생쌀과 비슷한 상태로 돌아가 딱딱하고 맛이 없어지는 것입니다. 알파 녹말이 온도가 낮아지고 수분이 빠져 찬밥이 되면서 베타 녹말로 변하기 때문입니다.

이처럼 알파 녹말이 다시 베타 녹말로 변하는 과정을 녹말의 노화 현상이라고 부릅니다. 베타 녹말은 맛이 없고 소화도 잘 안 되지만, 알파 녹말은 먹기도 좋고 소화도 잘 됩니다. 밥의 노화 현상은 0℃ 근처에서 수분을 30~60% 함유하고 있을 때 가장 빨리 일어납니다. 맛있는 밥맛을 유지하려면 따뜻하고 밀폐된 곳에 밥을 넣어 보관해야겠지요? 보온 밥솥은 바로 이런 원리를 이용한 것입니다.

나는 밥.
나는 식은 밥.
나는 생쌀.

한겨울에 고구마를 많이 먹지요? 고구마나 밤은 날것으로도 먹지만 익혔을 때 더 달고 맛있습니다. 생고구마보다 익힌 고구마가 달게 느껴지는 것은 고구마 속에 함유되어 있는 전분이 아밀라아제의 작용을 받아 당분으로 변했기 때문입니다. 쌀과 마찬가지로 생고구마도 베타 녹말 구조를 하고 있는데, 이것을 가열하면 알파 녹말로 변하는 것입니다.

아밀라아제의 작용이 가장 활발해지는 온도는 60~70℃ 정도인데, 군고구마는 굽는 과정에서 수분까지 증발하여 단맛이 더 진해집니다. 반면 삶은 고구마는 삶거나 찌면서 당분을 녹여버리므로 군고구마보다는 단맛이 덜합니다. 고구마를 맛있게 익히려면 50℃ 정도에서 오랜 시간 가열하면 됩니다.

아밀라아제

녹말이나 글리코겐 등의 다당류를 분해하는 효소입니다. 동물의 침 속에 많이 들어 있어서 소화에 도움을 줍니다.

팝콘 튀기기

팝콘의 원리

우리가 영화관에서 꼭 빼놓지 않고 먹는 것이 바로 팝콘이지요. 집에서도 간단히 팝콘을 만들어 먹을 수 있습니다. 슈퍼에서 파는 전자레인지용 팝콘을 3~4분간 데워서 맛있는 팝콘을 먹을 수도 있지만, 옥수수 알갱이를 프라이팬에서 직접 튀겨서도 만들 수 있습니다.

■ 집에서 옥수수로 팝콘 만들기

준비물 : 뚜껑이 있는 팬,
옥수수 알갱이,
버터, 소금
① 딱딱한 고체인 버터를 가열하여 녹입니다.
② 버터가 녹은 후 옥수수와 소금을 조금 넣고 뚜껑을 덮습니다.
펑!
펑!
펑!
③ 조금 있으면 노란 옥수수 알갱이가 펑펑 소리를 내며 흰 팝콘으로 변합니다.

■ 고체, 액체, 기체의 분자 모형

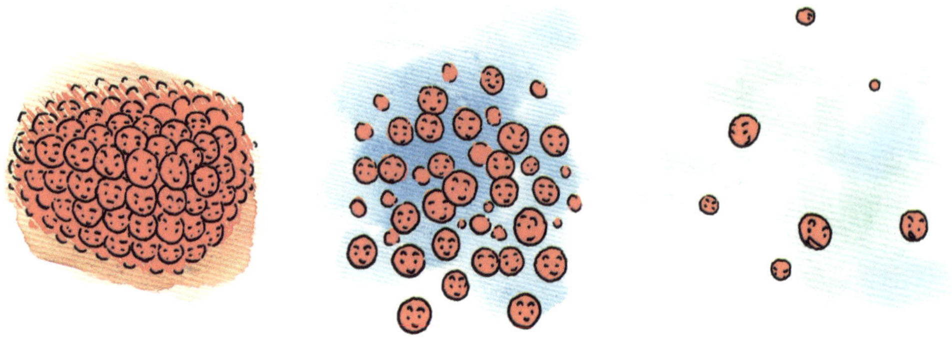
고체
액체
기체

그런데 이 간단한 요리에 많은 과학적인 원리가 숨어 있습니다. 먼저 버터를 고체 상태에서 액체 상태로 바꾼 것은 바로 열입니다. 분자들이 어떤 상태인가에 따라 고체, 액체, 기체라고 분류하지요. 그리고 이들이 각각의 상태로 변하는 것을 상태 변화라고 합니다.

물질의 세 가지 상태

나무는 꿈쩍도 하지 않는 딱딱한 고체이고, 물이나 기름은 흘러 다니는 액체이며, 눈에는 보이지 않지만 공기 중에 떠다니는 산소는 기체입니다. 그러나 이러한 물질의 상태는 모두 변할 수 있습니다. 물질의 상태가 변하는 데에는 온도가 매우 큰 역할을 하지요. 얼음을 따뜻한 곳에 두면 녹아 물이 되고, 물을 끓이면 기체인 수증기로 변합니다. 온도가 올라갈수록 물질을 이루는 분자들의 운동이 활발해지면서 상태가 변하는 것입니다.

압력도 물질의 상태를 변화시킵니다. 고체의 압력을 낮추면 액체나 기

물은 수소 원소 두 개와 산소 원소 한 개로 이뤄진다.

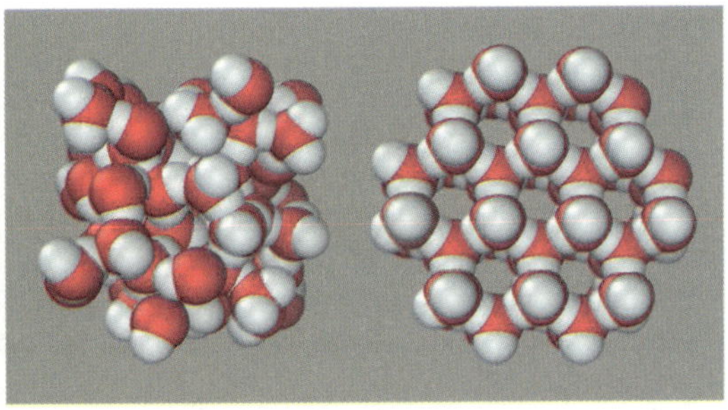

액체 상태의 물 분자(왼쪽)와 고체 상태의 물 분자(오른쪽)
ⓒ P99am@the Wikimedia Commons

체로 변할 수도 있습니다. 이처럼 고체, 액체, 기체라는 것은 물질의 고유한 성질은 아닙니다. 조건에 따라서 기체로도 고체로도 변할 수 있는, 물질이 존재하는 하나의 상태일 뿐이지요.

물질의 세 가지 상태에 대하여 좀 더 이야기해 볼까요? 지구 상에 존재하는 물질은 고체, 액체, 기체의 세 가지 상태 가운데 하나입니다. 고체는 일정한 모양과 부피를 지닙니다. 액체는 흐를 수 있으며 담는 그릇에 따라 모양이 변하지만 부피가 일정합니다. 그러나 기체는 일정한 모양과 부피가 없습니다.

구리 같은 것은 잘 구부러지지만, 철이나 대리석은 아주 단단하지요? 그 이유는 물질을 이루는 작은 알갱이들 때문입니다. 물질의 성질을 가진 가장 작은 알갱이를 분자라고 하지요. 이 분자가 어떻게 모여 있느냐에 따라 잘 구부러지기도 하고, 단단하기도 한 것입니다. 분자가 약하게 연결되어 있으면 쉽게 부서지고, 분자들이 매우 강하게 연결되어 있으면 물질이 단단해지는 것입니다.

소금과 설탕처럼 알갱이가 작은 물질을 가루 물질이라고 합니다. 이런 가루 물질들은 여러 가지 모양의 그릇에 옮겨 담아도 알갱이의 원래 모양

■ 물의 상태 변화와 에너지의 출입

온도가
중요해.
열 방출
열 흡수

이 변하지 않기 때문에 고체에 속합니다. 단지 알갱이의 크기가 작을 뿐이지요. 고체뿐만 아니라 액체나 기체도 분자들로 이루어져 있습니다. 기체보다는 액체가, 액체보다는 고체의 분자들이 더 강한 힘으로 결합하여 있습니다. 그래서 고체는 한 가지 형태로 고정되어 있고, 액체는 움직이기도 하고, 기체는 떠다니기도 하는 것입니다.

물질은 온도에 따라 고체, 액체, 기체 상태로 변합니다. 물은 0℃ 이하가 되면 얼고, 100℃가 넘으면 끓어서 수증기가 되지요. 온도에 따라 얼음→물→수증기로 상태가 변하지만, 본래의 성질은 변하지 않습니다. 물질을 이루고 있는 알갱이의 결합 상태에 따라 형태만 달라질 뿐입니다. 강하게 연결되어 있는 물질의 알갱이들을 떼어 내려면 엄청난 열이 필요하기 때문에 녹는 온도(녹는점)도 높아집니다. 산소 같은 기체를 액체로 만들려면 온도를 무려 영하 183℃까지 낮추어야 합니다. 이것을 다시 고체로 만들려면 온도를 영하 219℃로 낮추어야 하고요. 얼음 상태일 때는 분자의 움직임이 느리고 분자 사이의 간격이 촘촘합니다. 얼음이 녹아서 물이 되면 분자의 움직임이 얼음보다 빠르고 분자 사이의 간격도 멀어지지요. 물이 수증기가 되면 분자의 움직임은 매우 빨라집니다. 분자 사이의 간격도 더욱 멀어지게 됩니다.

물질의 상태가 변하면 부피도 같이 변합니다. 보통 고체가 액체로 변하면 분자 사이의 간격이 넓어지므로 부피가 커지지요. 하지만 얼음이 녹아 물로 될 때는 반대로 부피가 줄어듭니다. 페트병에 물을 넣고 얼리면 병이 빵빵해지는데, 이것은 액체가 고체로 되면서 부피가 늘었기 때문입니다. 물은 고체가 될 때 물 분자가 육각형 고리 모양을 이루기 때문에 다른 물질과 달리 고체 상태일 때가 액체 상태일 때보다 부피가 커집니다. 액체가 기체로 될 때에도 분자 사이의 간격이 넓어지므로 부피가 커지는 것이지요. 예를 들면, 물이 수증기로 될 때는 부피가 1,700배 이상 커진다고 합니다.

TIP 요건 몰랐지?

제 4의 물질 상태, 액정(LCD)

물질은 대부분 고체 상태에서는 알갱이가 규칙적인 배열을 이루다가 액체 상태가 되면서 알갱이의 배열이 불규칙해집니다. 그러나 분자의 배열이 규칙적인데도 액체처럼 흐르는 물질이 있는데, 이것을 액정이라고 합니다. 액정은 분자가 어떻게 배열되었는가에 따라 그 형태가 달라지지요. 액정을 구성하는 분자층에 빛이 반사되어 색깔을 나타내기도 합니다. 이러한 액정은 전압이나 온도의 변화에 따라 특정한 모양을 만들 수 있습니다. 이러한 원리를 이용한 것이 피부의 체온을 측정하는 액정 온도계입니다. 액정은 디지털시계나 전자계산기뿐만 아니라, 텔레비전 화면은 물론 컴퓨터 모니터, 휴대 전화기에서도 볼 수 있습니다.

휴대 전화기.

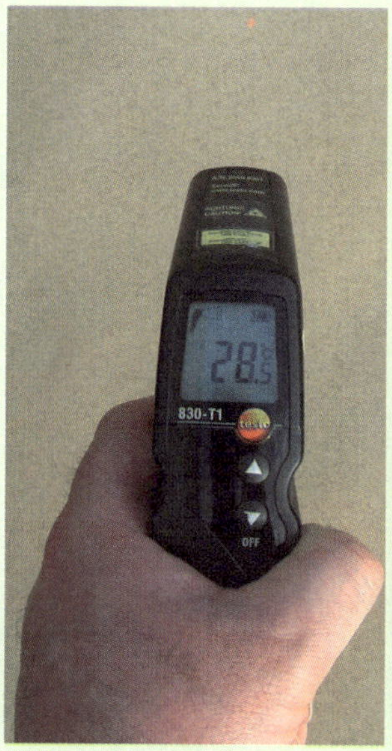
830-T1
testo

액정이 있는 온도계.
ⓒ Cjp24@Wikimedia Commons

CD 모니터. ⓒ Nick Gray@flickr.com

보글보글 라면 끓이기

끓는점의 변화

라면은 맛있고 간편해서 우리가 자주 먹는 음식입니다. 맛있게 라면을 끓이기 위해서 먼저 물을 끓이는데, 물을 끓일 때 보글보글 생기는 거품은 열에 의해 뜨거워진 물 분자가 활발하게 움직이면서 물 밖으로 튀어나오려고 해서 생기는 것입니다. 물속에서 수증기로 변해 물 밖으로 나오려니

냄비에 물을 끓이면 거품이 일고 수증기가 생긴다. ⓒ GRAN@the Wikimedia Commons

까 보글보글 거품이 생기는 것이지요.

물이 끓게 되면 하얀 김이 나옵니다. 김은 액체 상태의 물방울로, 기체인 수증기와는 다릅니다. 수증기는 우리 눈에 보이지 않지요. 공기 중의 수증기가 식으면서 갑자기 액체 상태로 변해 우리 눈에 보이게 되는데, 이것이 김입니다.

물을 끓이면 기체 방울이 올라옵니다. 물이 끓는다는 것은 액체인 물이 끓어올라 기체로 변하는 것을 말하지요. 이 끓어오르는 기체 방울은 액체인 물이 기화하여 물속에 생긴 수증기 상태인데 1,700배나 부풀어 오릅니다. 액체 물질을 계속해서 가열하면 액체가 끓어 기체 상태로 변하면서 온

■ 물의 끓는점

김은 기체가 아니라 액체 상태이지.
물 온도가 100℃로 유지되고 있어.
온도
120
100
80
60
40
20
물 온도
가열 시간

도가 일정하게 유지되는데, 이때의 온도를 끓는점이라고 합니다.

액체에서 기체로 변할 때 액체 분자 간의 인력을 끊고 기체로 빠져 나가기 위해서는 열이 필요한데 이때의 열을 기화열이라고 합니다. 물이 열을 받아 상태가 변할 때의 온도 변화를 나타내는 그래프를 보면 물이 끓기 시작한 후 계속 가열해도 온도가 변하지 않고 온도가 유지되는 구간이 보일 것입니다. 이것은 물이 받은 열이 기화열로 소비되면서 기체로 상태가 변화되기 때문에 온도 변화가 생기지 않는 것입니다.

라면을 끓일 때, 라면 스프를 먼저 넣으면 라면이 더 맛있어집니다. 그건 라면 스프를 먼저 넣으면 불순물이 들어가 물의 끓는점이 100℃가 아니라 그보다 더 높은 약 120℃ 정도로 높아지기 때문입니다. 100℃에서 라면을

인력

공간적으로 떨어져 있는 물체끼리 서로 끌어당기는 힘을 말합니다. 질량을 가진 모든 물체 사이나 서로 다른 부호를 가진 전하들 사이에 작용합니다.

NISSIN
CUP
SPICY

바짝 말라 있던 건더기스프에 끓는 물을 붓고 기다리자 제 모양이 살아났다.
ⓒ Rainer Zenz@the Wikimedia Commons

끓이는 것보다 120℃에서 끓인 면이 더 쫄깃쫄깃해집니다.

높은 산에 올라가서 밥을 지으면 대기 압력이 낮기 때문에 밥이 설익게 됩니다. 등산을 가면 많이 경험할 수 있는 일이지요. 그럴 때 압력을 높여 주면 100℃보다 높은 온도에서 물이 끓어 맛있는 밥을 먹을 수 있게 됩니다. 산에 올라갔을 때 어떻게 하면 압력을 높일 수 있을까요? 압력솥은 수증기가 밖으로 나가지 못하게 하여 내부의 압력을 높이는데 이와 같은 원리로 높은 산에 올라가 밥을 지을 때는 냄비 위에 돌을 얹어서 압력을 높입니다.

식품의 건조

라면에 들어 있는 건더기 스프에 관해서 이야기해 볼까요? 작은 봉지 속에 들어 있는 건더기 스프를 끓는 물에 넣으면 진짜 파와 당근 등의 모양이 살아나지요. 이렇게 채소들을 마른 조각으로 만드는 과정을 진공 동결 건조라고 합니다.

우리가 앞에서 배웠듯이 물은 압력에 따라 끓는점이 달라집니다. 압력이 높아지면 끓는점이 높아지지만, 반대로 압력이 낮아지면 끓는점도 낮아지지요. 진공 동결 건조는 재료들을 영하 35℃ 이하의 온도로 아주 빠른 시간에 얼린 다음 진공 건조기 안에서 매우 낮은 압력 상태로 열을 가합니다. 그렇게 하면 재료 속의 물이 얼어 있는 상태에서 액체 상태를 거치지 않고 바로 수증기로 변해버립니다. 이건 압력이 낮아지면 물의 끓는점도 낮아지

진공 동결 건조

진공 상태에서 영하 35℃ 이하로 식품을 얼려서 그대로 건조시키는 과정을 말합니다. 라면 스프나 인스턴트 커피를 만드는 방법입니다.

천일 건조

자연광 또는 햇빛을 이용하여 건조하는 방법입니다. 건포도, 오징어, 고추 등을 말릴 때 이 방법을 이용합니다.

기 때문에 나타나는 현상입니다. 진공 동결 건조는 이렇게 고체가 액체 상태를 거치지 않고 바로 기체로 되는 '승화 현상'이라고도 할 수 있습니다.

인스턴트커피. ⓒ Pleple2000@the Wikimedia Commons

수분 15% 이하의 환경은 미생물이 자라고 물질의 성분이 변화하는 것을 억제하기 때문에 세균이 자라지 못하게 합니다. 과실, 어류, 곡류, 육류 등의 식품을 오래 보관하기 위해 이러한 특징을 이용해 건조시켜 활용합니다.

각종 견과류. ⓒ storem@flickr.com

식품을 건조하는 방법은 사용하는 수단에 따라 여러 가지가 있습니다. 천일 건조에 대해 먼저 알아봅시다. 천일 건조는 햇볕이나 응달을 이용해서 자연 상태에서 말리는 방법으로 건포도, 곶감, 건어물, 산채 등에 사용합니다. 그리고 인공 건조는 열풍, 분무, 피막, 냉동을 이용하는 방법으로 분유, 분말 커피, 인스턴트 수프, 말린 과일 등에 사용됩니다.

특히 냉동 건조한 식품은 수분을 5% 이하만 포함하기 때문에 오랫동안 보존할 수 있고 매우 가볍습니다. 게다가 손실되는 영양소도 적고 재료들의 형태나 색깔, 냄새 변화가 거의 없지요. 빠른 시간에 원래 모양으로 돌아오는 장점도 가지고 있습니다. 냉동 건조는 밀폐 장치 안에서 저온으로 다루어지므로 미생물에 오염될 일도 적습니다. 진공 동결 건조는 의약품, 미생물 제품, 식품 등에 공업적으로 널리 이용되고 있고, 질 높은 보존, 인스턴트식품의 제조법으로도 응용되고 있습니다.

식품을 건조시키면
오랫동안 보관할
수 있어!

TIP 요건 몰랐지?

인간은 채소만 먹고도 살 수 있나요?

식물에는 인간이 성장하는 데에 꼭 필요한 영양소가 들어 있습니다. 필수 아미노산이 풍부한 콩류를 비롯해 다양한 종류를 골고루 섭취한다면 문제될 일은 없습니다. 하지만 식물에서 단백질을 섭취하는 것보다 육류에서 섭취하는 편이 훨씬 유리합니다. 지방도 섭취할 수 있고 철분이나 베타카로틴도 동시에 섭취할 수 있기 때문입니다. 게다가 지금까지 연구한 결과로는 식물성 식품을 먹는 사람보다 동물성 식품을 먹는 사람의 체력이 더 뛰어나다고 합니다.

그렇다고 해서 너무 고기만 먹는다면 또 다른 문제가 생길지도 모르기 때문에 식물성, 동물성 중에서 한 가지만 고집해서 먹는 것보다는 적당히 함께 먹는 것이 좋습니다.

야채가 얼마나 맛있는데!
균형 잡힌 식사를 해야 해.
고기 맛을 못 봐서 그래.

Q&A 꼭 알고 넘어가자!

문제 1 녹말의 호화 현상을 설명해 봅시다.

문제 2 물질의 상태를 변화시키는 요인에는 무엇이 있을까요?

합니다. 또한 물질에 압력을 가할수록 기체에서 액체, 액체에서 고체로 변합니다.

3. 물질은 액체에서 기체로 될 때는 주변에 있는 열을 흡수하고, 기체에서 액체로 될 때는 반대로 열을 내놓습니다. 냉장고나 에어컨은 액체 상태의 냉매가 기체로 되는 과정에서 주위에 있는 열을 빼앗는 원리를 이용해 공기를 차갑게 합니다.

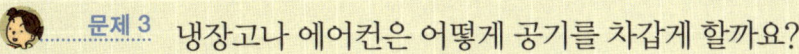

문제 3 냉장고나 에어컨은 어떻게 공기를 차갑게 할까요?

정답

1. 녹말을 물과 함께 가열하여 60~80℃ 정도가 됐을 때 녹말 입자가 파괴되어 부드럽고 끈적끈적한 풀처럼 변하는 현상을 말합니다. 호화된 녹말은 맛과 질감이 좋고 소화도 잘 됩니다. 녹말의 호화를 이용하여 밥, 죽, 떡을 만들 수 있습니다. 호화된 녹말이 식어서 다시 생녹말과 비슷한 상태로 돌아가는 현상은 노화라고 하며, 밥이나 떡이 식으면 굳어지는 것이 그 예입니다.

2. 물질의 상태가 변하는 데는 온도와 압력이 큰 영향을 미칩니다. 물질이 열을 얻으면 분자 운동이 활발해지고 분자 사이의 인력은 약해져서 고체에서 액체로, 액체에서 기체가 됩니다. 반면 물질이 열을 잃으면 분자 운동이 둔해지게 되고 분자 사이의 인력이 상대적으로 커지게 되어 기체에서 액체로, 액체에서 고체로 상태가 변

관련 교과

초등 5학년 2학기 5. 용액의 반응
초등 6학년 2학기 2. 산과 염기
중학교 2학년 4. 소화와 순환

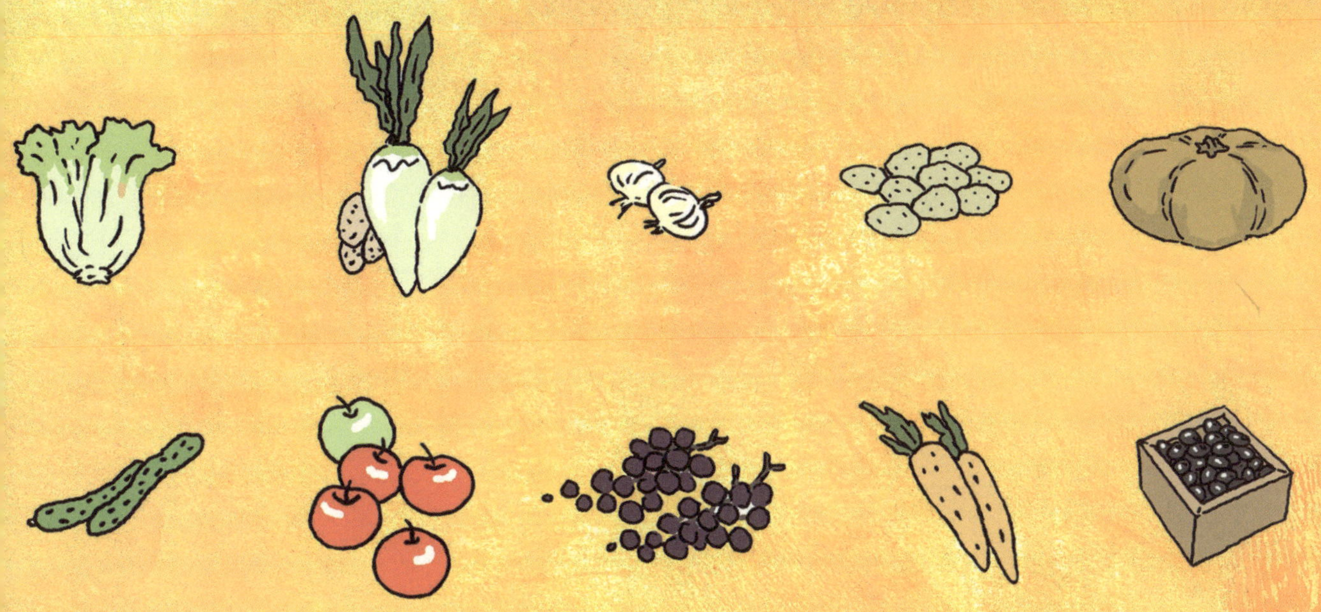

2. 조미료의 숨은 이야기

음식을 만드는 주재료에 첨가해서 음식의 맛을 돋우는 물질 중에서 특히 짠맛, 단맛, 신맛을 내는 물질을 조미료라고 합니다. 요즘은 많은 화학조미료로 여러 가지 맛들을 낼 수 있게 되었지만 아주 오래전부터 우리가 사용해 온 조미료인 식초, 설탕 그리고 소금에 관하여 알아봅시다.

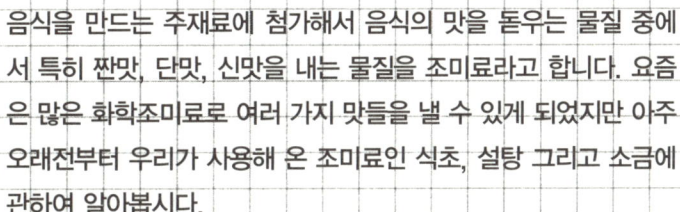

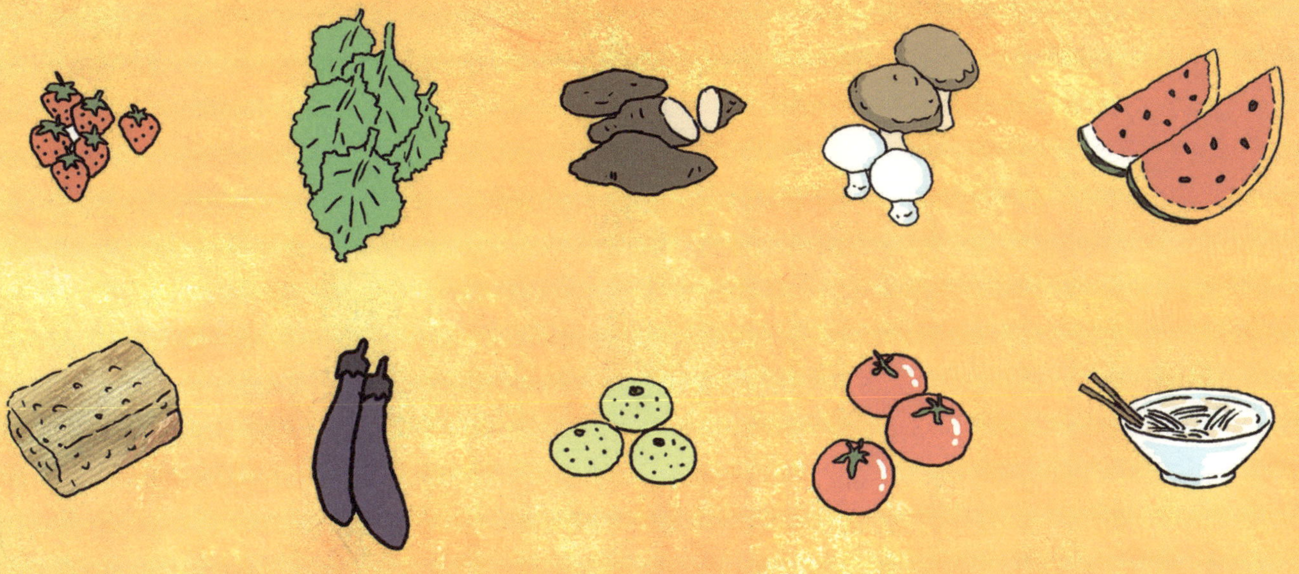

새콤달콤한 식초

식초를 만드는 방법

식초는 아세트산을 4~5% 정도로 희석하여 사용하는 산성 용액으로, 인류 최초의 조미료입니다. 조선 시대에는 식초를 고주라고 불렀는데, 고주란 '쓴맛이 나는 술'이란 뜻입니다. 왜 식초를 술이라고 불렀을까요? 그 이유는 술을 발효시켜 식초를 만들었기 때문입니다. 술에는 알코올 성분이 들어있는데, 알코올은 아세트산균에 의해 발효되면서 신맛이 나는 산성 물질을 만듭니다. 이 산성 물질이 바로 아세트산인데, 아세트산을 물에 섞어 사람이 먹을 수 있을 정도로 만든 것을 식초라고 합니다.

이처럼 과일이나 곡물로부터 나온 알코올을 발효시키면 식초를 얻을 수 있는데, 발효에 의해 만들어진 식초를 양조 식초라고 합니다. 요즘은 화학 기술이 발달하여 에탄올과 아세트산을 합성한 화학 식초도 만들고 있습니다.

중화 반응

앞에서 식초는 산성 용액이라고 했지요? 산이란 물속에서 수소 이온을 내놓는 물질들을 말합니다. 그래서 식초는 순수한 물보다 수소 이온을 더 많이 가지고 있습니다. 식초의 신맛은 수소 이온 때문인데, 신맛을 내는 물질에는 대부분 산이 들어 있지요. 잘 익어 시큼한 냄새가 나는 김치 속에도 젖산이라는 산이 들어 있습니다.

레몬에는 신맛을 내는 시트르산이 들어 있다.

우리가 회를 먹을 때 레몬즙을 뿌려서 먹지요? 생선에서 비린내가 나는 것은 트리메틸아민이라는 염기성 물질 때문입니다. 바로 먹는 신선한 생선은 비린 냄새가 거의 나지 않지만, 며칠만 지나도 비린 냄새가 나는 것도 트리메틸아민이라는 물질 때문입니다. 이 비린내는 식초나 레몬을 뿌리면 사라지는데, 식초와 레몬에 들어 있는 시트르산이라는 산성 물질과 비린내를 내는 염기성 물질이 중화 반응을 일으키기 때문입니다. 중화 반응이란 산성과 염기성 물질이 만났을 때 각각의 특성을 잃고 산성도, 염기성도 아닌 물질이 만들어지는 현상을 말합니다.

산이란 물속에서 수소 이온(H^+)을 잘 만들어 내는 분자를 말하고, 반대로 염기는 물속에서 수소 이온을 잘 빼앗아 가는 분자를 말합니다. 수소 이온은 수소 원자에서 전자가 한 개 떨어져 나가 만들어진 것으로 양(+)전기를 띠고 있으며, 세상에서

발효

미생물이 유기 화합물을 분해하여 알코올, 유기산, 이산화탄소를 생기게 하는 작용입니다. 술, 된장, 치즈 등을 만드는 방법입니다.

시트르산

레몬, 귤 같은 과일에 다량 함유된 산을 말합니다. 물과 알코올에 잘 녹고 신맛이 납니다.

가장 작은 이온입니다. 산과 염기는 모든 화학 반응의 기초를 이루며 화학적으로 서로 대립하는 특성이 있습니다.

산은 주로 신맛이 나고 금속과 반응하면 수소 기체를 만들기 때문에 염산, 황산, 질산 같은 강한 산은 화상을 입을 위험이 있으므로 사용할 때는 특별히 주의해야 합니다. 반대로 우리가 먹을 수 있는 음식에 들어 있는 약한 산으로는 식초의 신맛을 내는 아세트산, 콜라와 사이다의 톡 쏘는 성분인 탄산 등이 있습니다.

염기는 주로 쓴맛이 나고 단백질을 녹이는 성질을 가지고 있습니다. 그래서 털이 있는 옷을 빨래할 때, 염기성을 띠는 비누를 사용한다면 단백질로 이루어진 털은 쉽게 헤집니다.

식초 같은 산성 물질은 식품으로 자주 사용하지만 염기성 식품은 드뭅니다. 염기는 대체로 쓴맛을 내기 때문에 식품으로는 적합하지 않기 때문

단백질로 된 털옷은 염기성 비누로 빨지 말고 세탁소에서 드라이클리닝 해야 해.
털옷을 비누로 빨았더니 다 망가졌어.

입니다. 염기를 물에 넣으면 물 분자에서 수소 이온을 빼앗아가기 때문에 물에는 수산화 이온(OH^-)이 남게 되지요. 수산화 이온이 많은 염기성 용액은 피부 표면에 묻어 있는 단백질을 녹입니다. 그래서 손에 닿으면 미끈거리는 것처럼 느껴집니다.

중화 반응이 일어나는 원리는 생활 속에서 바로 응용할 수 있습니다. 예를 들어 김치가 너무 시어서 먹을 수 없을 때 소다를 약간 넣어 주면 신맛이 중화되지요. 소다는 베이킹파우더 또는 탄산수소나트륨이라고도 하는데, 이 탄산수소나트륨은 약한 염기성을 띕니다. 따라서 김치의 신맛을 내는 산과 소다의 염기가 중화 반응을 하여 신맛이 줄어들게 되지요.

만약 소다가 없다면 달걀 껍데기나 조개껍데기를 이용해도 됩니다. 신 김칫국이 있는 곳에 잘 씻은 달걀 껍데기나 조개껍데기를 담가 두었다가

■ 중화 반응을 이용해 김치의 신맛 없애기

산 → 수소 이온(H^+) + 음이온
염기 → 수산화 이온(OH^-) + 양이온
산 + 염기 → 물(H_2O) + 염

김치가 너무 실 때 소다를 약간 넣어 주면 신맛이 사라져.
소다
+
=

하루 정도 지나서 먹으면 껍질 속의 탄산칼슘이 중화 반응을 해서 신맛이 줄어들게 됩니다.

식초의 살균 효과

식초는 약한 산성을 띄기 때문에 살균 효과도 있습니다. 그래서 식초를 음식물에 뿌리면 세균을 이루는 단백질을 변하게 해서 세균을 죽이거나 활동을 멈추게 하지요. 김밥이나 유부초밥을 먹으면 밥이 시큼하지요? 이것은 김밥과 유부초밥에 사용하는 밥에 식초를 넣어 밥이 상하는 것을 막으려는 것입니다. 식초를 넣으면 세균이 완전히 죽는 것은 아니고, 다만 세균이 증식하는 속도를 느리게 해서 조금 더 긴 시간 동안 밥맛을 유지할 수 있는 것입니다. 우리가 피자나 스파게티와 함께 먹는 오이 피클도 식초에 절여서 만든 것입니다. 식초에 절인 음식은 세균이 많아지는 것을

채소를 절여 두면 독특한 맛과 높은 영양가를 얻게 되고 저장 기간이 길어진다.
ⓒ Tamorlan@the Wikimedia Commons

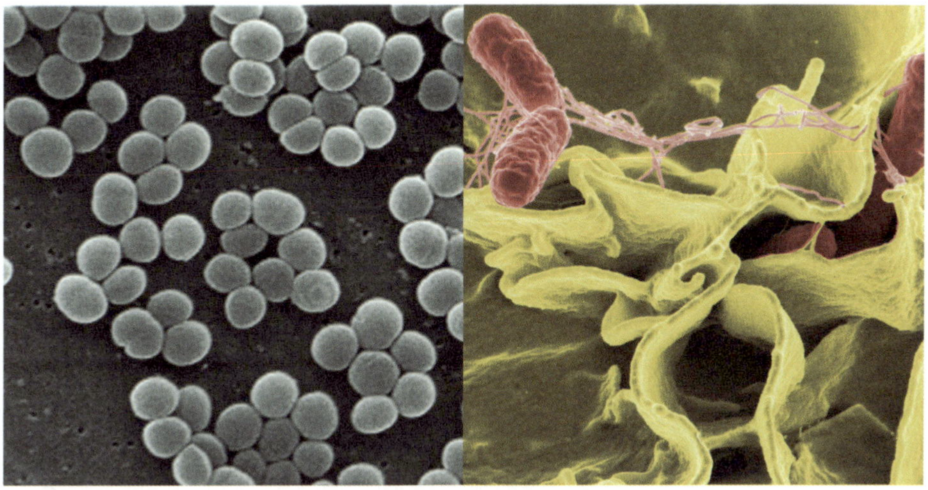

식중독이나 배탈을 일으키는 포도상 구균(왼쪽)과 살모넬라균(오른쪽).

막기 때문에 오랫동안 두고 먹을 수 있는 장점이 있습니다.

우리의 몸에 있는 위에서 분비되는 위액도 마찬가지입니다. 음식물을 통해 위에 들어간 해로운 균은 위액 속의 염산에 의해 대부분 죽게 됩니다. 그러나 위의 활동이 원만하지 못할 때는 살아서 장까지 내려가기도 하는데, 그럴 때 식중독과 배탈이 납니다. 우리 몸속의 소장은 살균력이 거의 없는 약염기성이어서 위에서처럼 살균 작용을 하지 못합니다. 이러한 경우 약한 산성인 식초와 함께 음식을 먹으면 우리 몸에 해로운 균인 포도상 구균, 살모넬라균 등을 살균할 수 있는 역할을 합니다.

더운 여름날 즐겨 먹는 시원한 냉면에도 식초를 넣지요? 이것 또한 새콤한 맛을 내려는 이유 외에 더운 날씨에 면을 삶은 물이나 육수에 있을 수 있는 대장균을 없애기 위해서입니다. 또 비린내와 같은 아민류는 염기

아민류

암모니아 속 수소 원자를 탄화수소기로 치환한 화합물을 가리킵니다. 호르몬이나 신경 전달 물질에 많습니다.

성이기 때문에 음식을 조리하고 난 도마에 식초를 희석시킨 물을 뿌려서 닦아 주면 살균과 냄새 제거까지 할 수 있습니다.

산성 식품과 염기성 식품

산과 산성 식품, 염기와 염기성 식품은 다릅니다. 산성 식품과 염기성 식품은 연소시켰을 때 우리 몸속에서 최종적으로 어떤 원소가 남느냐에 따라 구분하는 것이지요. 우리 몸속에서 나트륨, 칼슘, 마그네슘 같은 염기성 원소를 남기면 염기성 식품이라고 하고, 염소, 인, 황과 같은 산성 원소를 남기면 산성 식품입니다. 산성 식품으로는 돼지고기, 레몬, 포도, 빵, 국수, 새우 등이 있고, 염기성 식품으로는 감자, 오렌지, 딸기, 호박, 양파 등이 있지요. 우리 몸을 이루는 체액은 pH(산성도)7.4로 중성입니다. 따라서 산성 식품과 염기성 식품을 균형 있게 섭취하는 것이 좋겠지요?

염기성 식품
산성 식품

우리에게 없어서 안 되는 소금

소금의 특징

옛날에는 나라에서 직접 관리할 만큼 소금은 귀한 물질이었습니다. 염화나트륨이라고 부르는 소금은 바닷물에 많이 들어 있지요. 그래서 염전이라는 곳에서 바닷물을 증발시켜 소금을 얻습니다. 하지만 바다에서만 소금을 얻을 수 있는 것은 아닙니다. 육지의 소금 광산이라는 곳에서도 얻을 수 있고, 염산과 수산화나트륨을 반응시켜서 얻을 수도 있습니다. 우리가 먹는 소금 대부분은 소금 광산에서 채굴한 소금 덩어리를 가루로 만들거나, 암염(소금 암석)을 녹인 후 물을 증발시키거나, 염전에서 바닷물을 증발시켜서 얻습니다.

소금을 만들기 위하여 바닷물을 끌어들여 논처럼 만든 곳을 염전이라고 한다.
ⓒ Gnissah @the Wikimedia Commons

소금은 염화나트륨 결정이다.

염화나트륨은 소금의 화학명입니다. 흰색의 작은 알갱이로 보이는 소금은 나트륨 양이온(Na^+)과 염소 음이온(Cl^-)이 번갈아 가면서 규칙적으로 쌓여 있는 염화나트륨($NaCl$) 결정이지요. 쉽게 말해서 빨간 육면체와 파란색 육면체를 규칙적으로 쌓았다고 생각하면 됩니다.

소금은 우리 몸에 꼭 필요한 물질입니다. 소금의 구성 성분인 나트륨 이온이 우리 몸속에 일정한 농도로 존재하면서 체액의 삼투압을 조절하는 덕분에 몸을 많이 움직이거나 운동 후 땀을 많이 흘렸을 때에는 물과 함께 소금을 반드시 섭취해야 합니다. 만약 나트륨 이온이 부족하면 체액의 삼투압 조절이 잘 되지 않아서 근육에 경련이 일어날 수 있습니다.

반대로 소금을 너무 많이 먹으면 체액의 균형이 깨져서 건강을 해칠 수도 있으니 주의해야 합니다. 보통 성인이 하루에 섭취해야 할 소금의 양은

6~8g 정도입니다. 만약 더운 여름이나 몸을 심하게 움직여서 땀을 많이 흘렸을 때는 10g 정도가 필요하지요.

소금과 바닷물

한여름 바닷가에 놀러가서 목이 마르다고 바닷물을 마시면 안 됩니다. 바닷물을 마시면 우리 몸속의 물보다 더 짠물이 들어오게 되는 것인데, 그렇게 되면 혈액 속의 나트륨 농도가 세포액의 농도보다 진해져 우리 몸속 세포에서 혈액이나 림프로 물이 빠져나오게 됩니다. 즉 바닷물에 들어 있는 염류를 몸속에서 없애기 위해서 마신 바닷물보다 더 많은 오줌을 배출해야 하기 때문에 더 심한 갈증을 느끼게 됩니다.

바닷물에 대해 좀 더 자세히 알아봅시다. 바닷물에는 염화나트륨이 가장 많이 녹아 있으며, 그다음으로 많이 녹아 있는 성분은 염화마그네슘입니다. 우리 몸의 세포에는 적당량의 무기 염류가 있어 세포의 삼투압과 pH를 유지시키는데, 그 농도는 약 0.9% 정도입니다. 그러나 바닷물의 무기 염류 농도는 약 3%여서 우리 몸의 세포액의 농도보다 진한 셈입니다. 따라서 바닷물을 마시면 혈액 중 무기 염류 농도가 세포액의 농도보다 진해져 물이 세포에서 혈액이나 림프로 빠져나오게 됩니다.

그 결과 혈액의 양이 많아지게 되고, 신장은 혈액의 농도를 일정하게 유지하기 위해 염류나 물을 배출시키지만 겨우 2% 정도의 염류만 배출하게

림프

고등 동물의 조직 사이를 채우는 무색의 액체를 말합니다. 알칼리성의 무색이나 황백색의 액체로 림프구와 기타 백혈구와 같은 세포 성분 및 혈장 단백질 등 기타 성분으로 구성되어 있습니다.

염류

바닷물에 녹아있는 염화나트륨, 염화마그네슘, 황산마그네슘, 황산칼슘, 황산칼륨, 탄산칼슘처럼 염분이 들어 있는 여러 가지 물질을 통틀어 일컫는 말입니다.

마시고 나면
염분 때문에 갈증이
더 날걸.
바닷물이라도
마셔야겠다.

탈수

어떤 물체 안에 들어 있는 물기를 빼거나 물기가 저절로 빠지는 현상입니다. 탈수 현상이 생기면 두통이 생기거나 근육 경련이 일어나기도 합니다.

됩니다. 무기 염류가 3% 섞인 바닷물을 1 *l* 마셨다고 하면 2%의 염류를 품고 있는 오줌을 1.5 *l* 이상 배출하지 않으면 체액의 농도가 유지될 수 없어요. 바닷물에 들어 있는 염류를 체내에서 제거하기 위해서는 마신 바닷물보다 더 많은 오줌을 배출해야 한다는 말입니다. 그러므로 마신 바닷물보다 더 많은 양의 물이 조직 세포에서 빠져나오게 되어 결국 탈수 현상을 일으켜 목숨을 잃을 수도 있습니다. 그러니 아무리 목이 말라도 바닷물을 마셔서는 안 되겠지요?

TIP 요건 몰랐지?

소금은 물의 온도를 떨어뜨린다

소금을 물에 용해시키면 소금 결정이 물속에서 당구공처럼 사방으로 움직여서 물 분자와 충돌합니다. 그리고 이 소금은 물속에서 나트륨과 염소 원자로 분리됩니다. 한편 물 분자는 소금 원자를 떼어 놓으면서 그 움직임이 느려져서 온도가 내려가게 되는 것이지요. 소금이 들어 있는 얼음물은 영하 20℃까지도 내려갑니다. 이 원리를 이용하여 집에서도 쉽게 아이스크림을 만들 수 있습니다. 커다란 그릇에 얼음과 소금을 넣고 그 위에 우유를 넣은 작은 그릇을 놓은 후 한 방향으로 계속 저어주면 우유가 점점 크림처럼 변하면서 아이스크림이 완성됩니다.

■ 얼음과 소금으로 우유 아이스크림 만들기
준비물 : 얼음이 담긴 그릇, 소금, 우유가 담긴 그릇, 거품기

❶ 얼음이 담긴 그릇에 소금을 뿌립니다.

❷ ① 위에 우유가 담긴 그릇을 올려놓습니다.

❸ 거품기로 힘차게 휘저으면 우유 아이스크림이 만들어집니다.

단맛의 대명사인 설탕과 꿀

탄수화물은 탄소와 수소가 결합한 물질입니다. 탄수화물 가운데 당은 물에 녹아 단맛을 내며, 포도당, 과당, 자당, 갈락토오스, 젖당 등 여러 종류가 있습니다.

아마 포도당을 가장 많이 들어 봤을 것입니다. 포도당은 단맛이 있는 과일 속에 많이 들어 있는데, 설탕의 0.6배 정도로 단맛이 납니다. 포도당은 우리 몸속에도 들어 있습니다. 밥이나 빵과 같은 탄수화물 식품을 먹으면, 탄수화물이 몸속에서 분해되어 포도당이 됩니다. 이때 만들어진 포도당은 다른 형태로 혈액이나 간에 저장되어 있다가 에너지를 만들 때 쓰입니다.

혈액 속에 들어 있는 포도당을 혈당이라고 합니다. 사람의 혈당 농도는 항상 일정하게 유지되어야 하기 때문에 혈당이 올라가면 이자(췌장)라는 곳에서 혈당을 조절하는 호르몬인 인슐린이 분비됩니다. 인슐린은 혈액 속의 포도당을 신체 각 부위로 이동시켜 포도당이 에너지 원료로 사용될 수 있게 해줍니다. 그렇게 해서 높아진 혈당을 낮춰서 혈액 속 혈당을 적절하게 유지해 주는 것이지요. 또한 우리 몸에서 사용하고 남은 당은 간에서 글리코겐이라는 형태로 바뀌어 필요할 때 사용할 수 있도록 저장됩니다.

주로 과일에 많이 들어 있는 과당은 천연 식품 가운데 가장 달아서 설탕보다 1.8배 정도 답니다. 적은 양으로도 강한 단맛을 내기 때문에 당뇨병 환자나 혈당 조절이 필요한 사람에게 쓰입니다. 우리가 설탕(자당)이라고 하는 당은 포도당 한 분자와 과당 한 분자가 결합하여 생긴 이당류로서, 분해하면 다시 포도당과 과당으로 분해됩니다. 사탕수수즙을 침전시켜서 불순물을 걸러낸 후 농축시켰을 때 생기는 흰색 결정이 자당이고, 자당을 정제한 것이 바로 설탕입니다.

정제

물질에 섞인 불순물을 제거해서 순수하게 만드는 과정을 말합니다. 소금이나 설탕을 원료로부터 걸러 내는 과정을 말합니다.

일벌은 꽃물이 꿀주머니(밀낭)에 가득 찰 때까지 열심히 날아다니며 꽃 속의 꽃물을 빨아들입니다. 꽃물은 물 75%와 자당 25%로 구성되어 있습니다. 이 꽃물의 자당은 벌의 침과 소화액에 들어 있는 효소와 반응하여 포도당과 과당으로 분해되면서 달콤해지고, 이때 수분은 30%로 줄어듭니다. 또 일벌들이 열심히 날갯짓을 해서 건조하고 따뜻한 바람을 일으켜 벌꿀의 수분이 20% 이하로 줄어들면 일벌들은 밀랍을 만들어 벌집에 방을 만들어 벌꿀을 밀봉합니다.

이렇게 만들어진 꿀은 벌이 꽃에서 모은 것을 벌의 침샘에서 변화시켜 저장한 것이기 때문에 하나의 성분으로 이루어진 것이 아닌 다양한 물질의 혼합물입니다.

밀봉된 벌집. ⓒ Waugsberg@the Wikimedia Commons

벌꿀은 원료가 되는 꽃의 종류, 채집 시기에 따라 맛과 향기, 색이 조금씩 다르다.
ⓒ Ruffiana@the Wikimedia Commons

꿀에는 물, 포도당 같은 다당류, 과당 등의 이당류를 주성분으로 하며 소량의 다른 물질들이 섞여 있습니다.

벌꿀 성분의 비율은 꽃의 종류와 채집 시기에 따라서 달라집니다. 천연 벌꿀에 가장 많이 함유된 당분은 과당입니다. 이 당분은 원래 꽃에 있던 고유 성분과 꿀벌의 입에서 나오는 효소의 작용으로 과당과 포도당으로 변하여 흡수가 쉽고 영양가가 높은 편입니다.

이집트 고대 왕의 무덤에서 발견된 꿀은 오랜 세월이 지났음에도 변하지 않았다고 합니다. 벌꿀이 이토록 오랫동안 변하지 않는 이유는 벌꿀이 70% 이상의 당분과 20% 이하의 수분으로 이루어진 진한 용액이기 때문입니다. 벌꿀처럼 진한 용액에 세균이 들어가면 세균의 세포막을 사이에 두고 삼투 현상이 일어나게 됩니다. 세균 속의 수분이 세포막을 통과하여 농도가 짙은 벌꿀 쪽으로 모두 빠져나와 세균은 결국 죽을 수밖에 없습니다. 이렇게 꿀 속에서 세균이 증식할 수 없는 점을 이용하여 꿀 속에 인삼, 과일 등을 넣어 오랫동안 먹을 수 있게 한 저장 식품도 있습니다.

벌꿀에는 포도당과 과당 이외에도 무기질, 비타민, 아미노산 등이 풍부하게 들어있습니다. 특히 벌꿀의 칼륨 성분은 몸속의 콜레스테롤과 혈관 속의 노폐물을 제거해 줍니다. 또한 벌꿀에는 효소가 들어 있는데, 효소는 열에 매우 약하기 때문에 벌꿀을 아주 뜨거운 물에 넣으면 효소가 파괴

효소가 사라지지 않게 미지근한 물로 만들어야 해.

됩니다. 따라서 벌꿀로 꿀물을 만들 때에는 찬물이나 미지근한 물에 타는 것이 좋습니다.

설탕과 꿀에 들어있는 포도당과 과당은 우리 몸에서 매우 빠르게 흡수되는 영양분입니다. 포도당은 우리 몸에 가장 좋은 에너지원으로, 작은 창자에서 바로 흡수됩니다. 당을 적절하게 섭취하면 특히 두뇌 활동에 아주 효율적으로 사용되고, 또 피로가 심할 때 설탕을 섭취하면 혈액 중 당이 빠르게 보충되어 에너지원으로 작용하기 때문에 기력이 회복됩니다. 그래서 피로하기 쉬운 운동선수나 수험생에게 도움이 됩니다.

하지만, 당에서 에너지를 얻는 것은 하루 에너지 섭취량의 10% 미만이어야 합니다. 당을 너무 많이 섭취하면 우리 몸에서 사용하고 남은 당을 글리코겐으로 바꾸어 저장하고, 그 후에도 남은 당은 중성 지방으로 변해 우리 몸에 축적되지요. 이 중성 지방이 많으면 바로 비만이 됩니다. 그러니 단 음식을 지나치게 많이 먹는 식습관은 고치는 것이 좋습니다.

Q&A 꼭 알고 넘어가자!

문제 1 비린내 나는 생선에 레몬즙을 뿌리면 왜 비린내가 사라질까요?

문제 2 더운 여름 해변에서 목이 말라 바닷물을 마시면 어떤 일이 생길까요?

한 갈증을 느끼게 됩니다.

3. 사람의 혈액 속에 들어 있는 포도당을 혈당이라고 하는데, 혈당 농도는 항상 일정하게 유지되어야 하기 때문에 혈당이 올라가면 이자(췌장)라는 곳에서 혈당을 조절하는 호르몬인 인슐린이 분비됩니다. 인슐린은 혈액 속의 포도당을 신체 각 부위로 이동시켜 포도당이 에너지 원료로 사용될 수 있게 해 줍니다. 그렇게 해서 높아진 혈당을 낮춰서 혈액 속 혈당을 적절하게 유지해 주는 것이지요. 또한 우리 몸에서 사용하고 남은 당은 간에서 글리코겐이라는 형태로 바뀌어 필요할 때 사용할 수 있도록 저장됩니다.

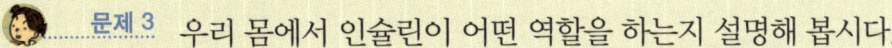

문제 3 우리 몸에서 인슐린이 어떤 역할을 하는지 설명해 봅시다.

정답

1. 생선에서 비린내가 나는 것은 트리메틸아민이라는 염기성 물질 때문입니다. 여기에 식초나 레몬을 뿌리면 시트르산이라는 산성 물질과 비린내를 내는 염기성 물질이 중화 반응을 일으키기 때문에 비린내가 없어집니다. 중화 반응이란 산성과 염기성 물질이 만났을 때 각각의 특성을 잃고 산성도, 염기성도 아닌 물질이 만들어지는 현상을 말합니다.

2. 바닷물을 마시면 우리 몸속의 물보다 더 짠물이 몸으로 들어오게 되는 것인데, 그렇게 되면 혈액 속의 나트륨 농도가 세포액의 농도보다 진해져 우리 몸속 세포에서 혈액이나 림프로 물이 빠져나오게 됩니다. 즉 바닷물에 들어 있는 염류를 몸속에서 없애기 위해서 마신 바닷물보다 더 많은 오줌을 배출해야 하기 때문에 더 심

관련 교과

초등 3학년 2학기 3. 혼합물의 분리
초등 5학년 1학기 3. 식물의 구조와 기능
중학교 1학년 6. 식물의 영양

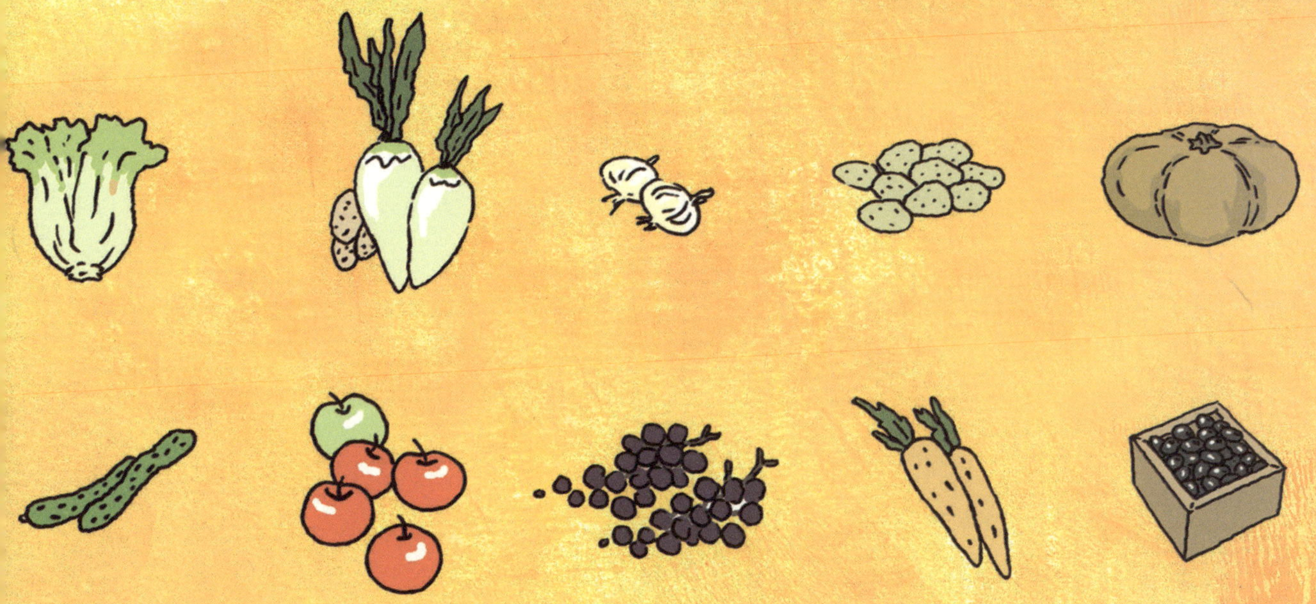

3. 채소와 과일의 숨은 이야기

우리는 채소나 과일을 생으로도 먹지만, 여러 방법으로 조리도 하고 저장법을 다르게 하여 먹기도 합니다. 이러한 조리법이나 저장법 속에도 우리가 모르는 과학 이야기가 숨어 있습니다. 또 채소나 과일의 성분 속에도 재미있는 과학 이야기가 있습니다. 그럼 이제 채소와 과일에 관하여 알아볼까요?

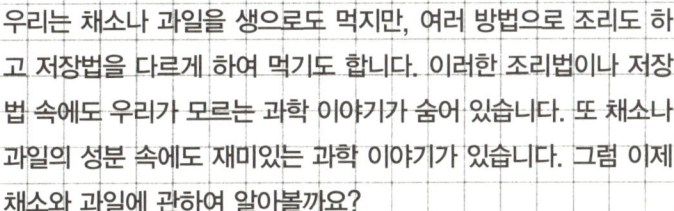

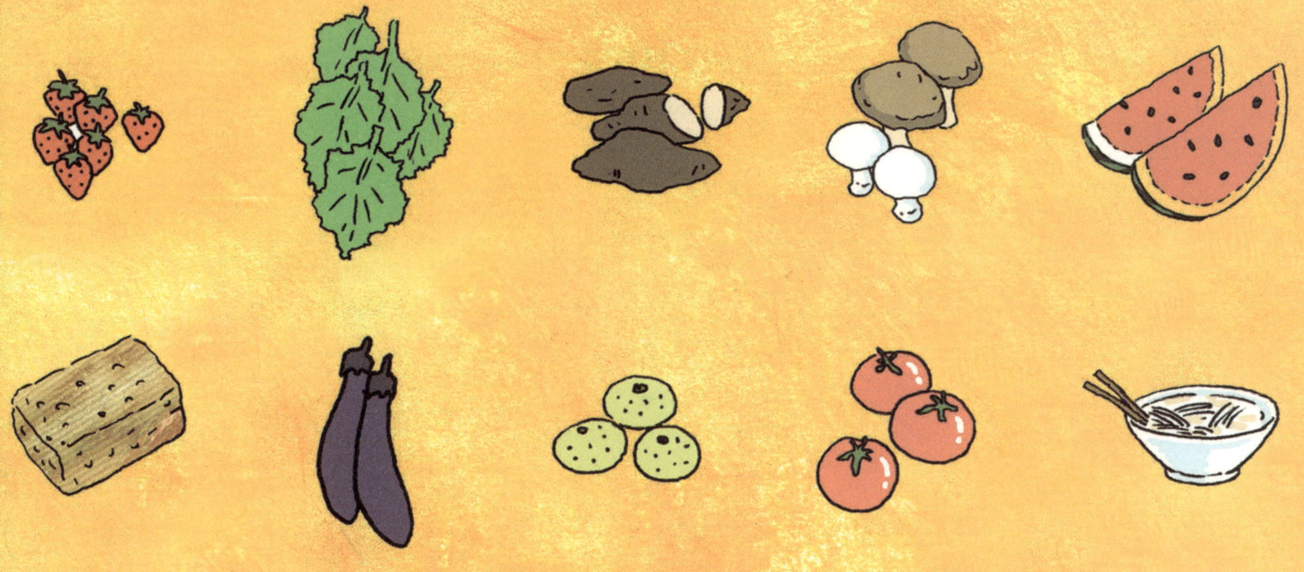

소금물에 빠진 배추 - 삼투 현상

엄마가 집에서 김치 담그는 것을 본 적이 있나요? 김치를 담글 때 무나 배추에 소금을 뿌려 두지요? '배추를 절인다'고 하는데, 이것은 배추가 너무 생생하고 싱싱하면 배추에 양념이 잘 배지 않기 때문에 배춧속의 수분을 조금 빼는 과정을 말합니다. 옛날에는 소금이 비싸서 소금 대신에 바닷물에 배추를 절이기도 했습니다.

배추를 소금물에 넣어 두면 어떻게 될까요? 탱탱했던 배춧잎이 흐물흐물해집니다. 싱싱한 배추는 거의 90% 정도가 물이고, 나머지는 탄수화물과 아주 적은 양의 단백질 등으로 이루어져 있습니다. 배추 대부분을 차지하는 물은 배추의 세포막 속에 들어 있고, 이 세포막이 반투막이라는 독특한 구조로 되어 있어요.

식물의 세포막을 이루는 반투막에는 물 분자보다 큰 입자는 통과할 수 없을 정도의 수많은 구멍이 나 있습니다. 반투막의 구멍보다 크기가 작은 분자는 반투막을 통과할 수 있지만, 반투막의 구멍보다 크기가 큰 분자는 반투막을 통과할 수 없지요. 반투막을 사이에 두고 농도가 서로 다른 용액

반투막

용액 속에 있는 일정한 크기 이하의 입자(분자, 이온 등)만을 통과시키고, 그보다 큰 입자는 통과시키지 않는 막을 말합니다.

용매

어떤 용액을 만들 때 물질을 녹일 수 있는 액체를 가리키는 말입니다. 물과 기름은 대표적인 용매입니다.

을 넣어 두면 농도가 엷은 용액의 물 분자가 농도가 짙은 용액 쪽으로 이동합니다. 물 분자의 이동은 두 용액의 농도가 서로 같아질 때까지 계속되는데, 이것을 삼투 현상이라고 합니다. 물이 높은 곳에서 낮은 곳으로 흐르거나 공기가 고기압에서 저기압으로 흐르는 현상과는 달리 삼투는 이와는 반대로 저농도에서 고농도로 용매가 이동하는 현상을 말합니다.

이처럼 삼투 현상은 농도가 서로 다른 두 용액을 반투막으로 나누어진 그릇 속에 넣었을 때 용질의 농도가 엷은 쪽에서 짙은 쪽으로 용매(물) 분자가 이동하여 두 농도가 같아지게 하려 하기 때문에 나타납니다. 분자의 크기가 큰 용질은 통과시키지 않고 분자의 크기가 작은 용매만 투과시키는 막을 반투막이라고 하는데, 달걀의 속껍질이나 우리 몸의 방광막이 반투막에 속합니다.

■ 삼투 현상

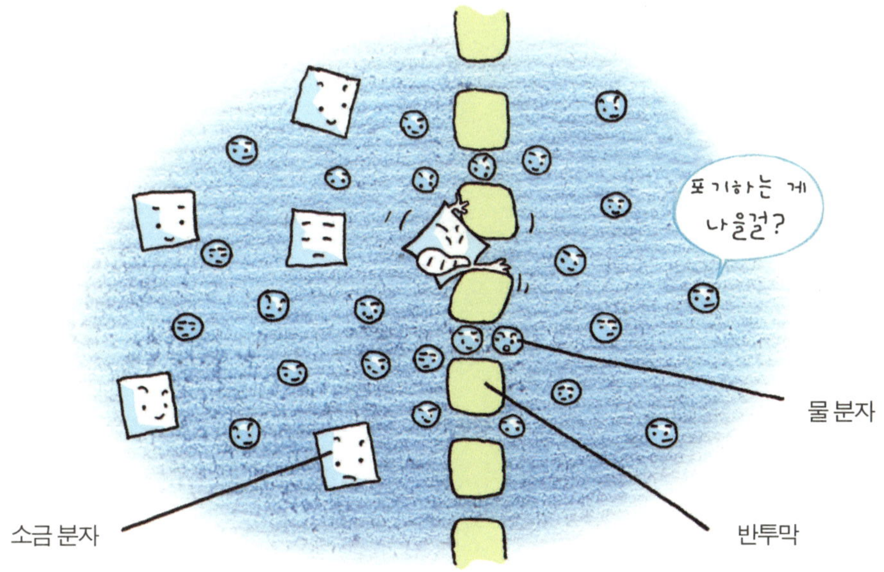
포기하는 게
나을걸?
물 분자
소금 분자
반투막

삼투막
소금물

배추를 소금물에 담그면 배춧속 물이 소금물 속으로 이동한다.

배추를 소금물에 넣어 두면 바로 삼투 현상이 일어나지요. 배추 세포막, 즉 반투막을 중심으로 배추 세포막 속은 농도가 낮고 배추가 잠겨 있는 소금물은 농도가 높기 때문에, 배추 세포막 속의 물이 소금물 쪽으로 이동하게 되어 결국 배춧잎의 물이 소금물 쪽으로 빠져버리기 때문에 배춧잎이 쭈글쭈글해지면 부피가 줄어듭니다. 이러한 현상을 '숨이 죽었다'라고 표현합니다. 이 현상을 거치며 수분이 빠진 배춧잎은 흐물흐물해지게 되고 김치를 담그기에 좋은 상태가 됩니다.

물 분자가 거의 다 빠져나간 배추는 흐물흐물해지고 짠맛도 냅니다. 삼투의 원리라면 물 분자만 빠져나갔을 뿐인데, 왜 짠맛이 날까요? 처음에는 배추의 반투막이 물 분자만을 통과시키지만, 오랜 시간 소금물에 담가 두면 반투막이 그 기능을 잃어버리고 파괴되면서 나트륨 이온이 배추 속으로 들어가 짠맛이 나게 됩니다.

삼투의 원리를 반대로 이용하여 활용할 수도 있어요. 이것을 역삼투 원리라고 합니다. 반투막은 용질은 통과시킬 수 없지만 용매는 통과시킬 수 있으므로 이러한 특징을 이용해 용액에서 용매만 추출해 낼 수 있습니다.

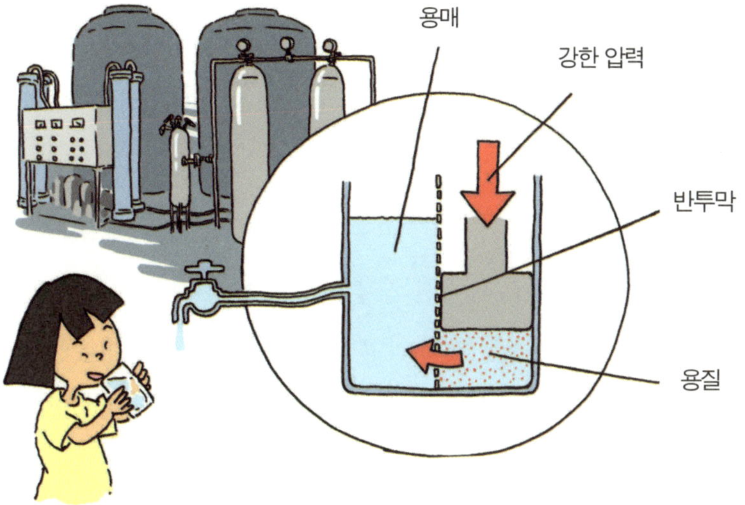
용매
강한 압력
반투막
용질

역삼투 원리를 이용해 물을 정화해서 마실 수 있다.

삼투 현상은 농도가 낮은 쪽에서 농도가 높은 쪽으로 용매가 이동하는 것이며, 여기서 생기는 수위 차이를 바로 삼투압이라고 합니다. 이때 삼투압보다 높은 압력을 농도가 높은 용액 쪽에서 낮은 용액 방향으로 걸어 주면 용액은 농도가 낮은 쪽으로 몰리게 되지요. 물론 반투과성 막을 통해 용매만 농도가 낮은 쪽으로 빠져나가게 되는 것이에요. 이러한 역삼투 원리를 이용하면 바닷물에서 민물을 얻어낼 수 있습니다.

용질

용액에 녹아 있는 물질을 말합니다. 용매의 종류와 상태에 따라 녹일 수 있는 양이 다릅니다.

TIP 요건 몰랐지?

생활에서 발견하는 삼투압

식품에 소금, 설탕, 식초를 넣으면, 삼투압 또는 산성도를 조절함으로써 채소나 과일 속의 수분이 빠져나오고, 이것들 안에 살고 있던 부패 미생물의 발육을 억제하여 식품을 오랫동안 보관할 수 있습니다. 김치, 젓갈, 잼, 가당연유, 마늘장아찌, 피클이 이러한 원리를 이용해 절인 음식에 속합니다.

식물의 뿌리가 물을 흡수하는 데도 삼투압 현상을 적용할 수 있습니다. 뿌리의 농도가 땅속의 물보다 짙어서 삼투압에 의해 물이 뿌리로 흡수되면, 뿌리 쪽의 농도는 잎의 농도보다 옅기 때문에 뿌리가 흡수한 물이 다시 잎으로 이동하고, 또 잎에서 일어나는 증산 작용도 뿌리의 물 흡수를 촉진합니다.

수영장이나 목욕탕에 오래 있으면 손과 발이 쭈글쭈글해집니다. 피부 세포의 농도가 수영장이나 목욕탕의 농도보다 짙기 때문에 삼투압에 의해 물이 피부 세포로 흡수되어 피부가 부풀어 쭈글쭈글해지기 때문입니다.

이처럼 삼투압 현상은 우리 생활 곳곳에서 발견할 수 있습니다.

마늘을 식초, 간장, 설탕에 절여서 만든 장아찌.
ⓒ Tamorlan@the Wikimedia Commons

물을 흡수하는 나무뿌리.
ⓒ Emery@the Wikimedia Commons

사과의 색이 변했어요

맛있는 샐러드를 만들기 위해 깎아 둔 과일이 갈색으로 변해 버리면 맛에는 아무 이상이 없더라도 왠지 식욕이 떨어집니다. 이렇게 갈색으로 색이 변하는 것을 갈변이라고 하는데, 갈변은 사과뿐만 아니라 감자나 고구마, 바나나 등에서도 나타나지요. 당도가 강한 사과일수록 이런 현상이 더 잘 나타납니다.

사과를 잘라서 놓아두면 연한 노란색이던 사과 속이 점차 갈색으로 변하기 시작합니다. 사과에 들어있는 폴리페놀이라는 물질이 공기 속의 산소와 접촉하여 사과를 갈색으로 변화시키는 것입니다. 감자나 고구마, 바나나도 껍질을 벗겨 두면 갈색으로 변합니다. 모두 공기 중의 산소와 만나 과일 표면에서 산화가 일어난 결과입니다. 과일 속에 포함된 퀴닌산이라는 물질도 효소와 공기의 영향으로 산소에 의해 산화되면 색깔이 갈색으로 변합니다.

사과는 색소에 따라서 여러 가지 색깔을 띱니다.

손님상을 차리기 위해 예쁘게 깎아 둔 사과를 오랫동안 색이 변하지 않도록 하려면 물에 담그거나 소금물이나 설탕물에 담그면 됩니다. 또는 레몬주스나 식초를 물에 섞어 뿌리면 레몬주스나 식초에 들어 있는 산성 성분이 사과 속의 산성도를 높여 산화를 촉진하는 효소의 힘을 빼앗기 때문에 색이 변하지 않게 됩니다.

사과는 노란색, 파란색, 빨간색 등의 종류가 다양합니다. 식물이 가진 색소는 클로로필, 카로티노이드와 안토시안 등의 색소로 나눌 수 있습니다. 이 중에서 클로로필은 초록색, 카로티노이드는 노란색, 그리고 안토시안은 빨간색을 나타내는데, 식물은 클로로필이라는 색소로 인해 주로 녹색을 띱니다. 이것은 식물에서 광합성을 하는 엽록체 속에 클로로필이 들어 있기 때문입니다. 마찬가지로 녹색 사과의 경우에도 껍질 부분에 다른 색소체보다 클로로필을 더 많이 함유하기 때문에 푸르게 보입니다.

카로티노이드에도 종류가 여러 가지가 있는데, 레몬의 노란색에서 당근이나 토마토의 붉은색에 이르기까지 다양합니다. 한편 귤을 너무 많이 먹으면 귤의 카로티노이드가 비정상적으로 축적되어 피부나 손톱이 노래집니다. 사과의 빨간색은 카로티노이드가 아니라 안토시안 때문이지요.

TIP 요건 몰랐지?

새우의 변신

살아 있거나 익히지 않은 새우에서는 회색빛이 납니다. 하지만 새우를 익히면 붉은색으로 변합니다. 게나 새우가 거무스름한 색을 띠는 것은 아스타크산틴이라는 색소와 단백질이 단단하게 결합해 있기 때문입니다. 그러나 게나 새우에 열을 가하면 단백질이 변하여 아스타크산틴과 분리됩니다. 아스타크산틴은 분리되는 동시에 산화하여 아스타신이라는 물질로 변하는데, 바로 아스타신이라는 물질 때문에 익은 새우는 빨갛게 보이게 됩니다. 빨갛게 잘 익은 새우를 보면 군침이 도는데 여기에는 이런 과학적 원리가 숨어 있습니다.

날 새우. ⓒ Perplexing@the Wikimedia Commons

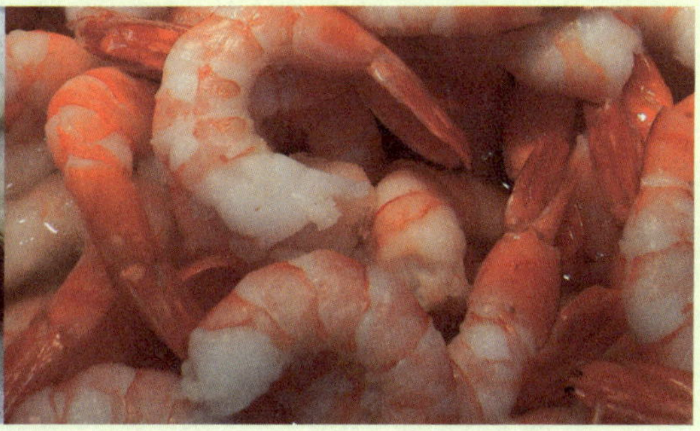

익은 새우. ⓒ Perplexing@the Wikimedia Commons

토마토는 채소일까요, 과일일까요?

채소와 과일에 대해 아주 잘 알고 있다고 생각하지만, 막상 설명하려면 어렵습니다. 쉽게 설명하면 나무에 열리는 열매는 과일이고 풀 종류에 열리는 열매는 채소라고 할 수 있어요. 채소는 사람이 키우는 한해살이풀을 말하고 과일은 여러해살이 나무나 초본 식물, 즉 나뭇가지에서 자라는 식물의 열매를 말합니다. 사과, 배, 바나나, 파인애플 등을 과일이라고 하지요. 채소인 딸기, 수박, 참외, 토마토 같은 열매는 먹는 채소라 하여 열매채소라고 부르기도 하는데, 과육과 과즙이 풍부하고 달아서 흔히 과일이라고도 합니다.

식물은 이산화탄소와 물, 그리고 빛 에너지를 사용하여 포도당 분자를 만드는 광합성 작용을 합니다. 광합성 작용으로 만들어진 포도당은 줄기나 뿌리 등으로 이동해 녹말이나 섬유질로 바뀌어 저장되지요. 섬유소와 녹말은 둘 다 포도당 분자로 이루어져 있지만, 포도당 분자의 종류가 서로 달라요. 포도당 분자는 알파 포도당과 베타 포도당 두 종류로 되어 있는데, 섬유소는 베타 포도당 분자가 수천 개 결합해서 만들어지고, 녹말은 알파 포도당

한해살이풀

1년 이내에 씨에서 싹이 나서 자라 꽃이 피고 열매를 맺으며 시들어 죽는 풀을 의미합니다. 나팔꽃, 벼, 호박 등이 있습니다.

여러해살이

식물이 2년 이상 생존하는 일, 또는 그런 식물을 말합니다. 엉겅퀴, 감자, 할미꽃 등이 있습니다.

분자가 수천 개 결합해서 만들어진 것입니다.

베타 포도당으로 이루어진 섬유소는 사람이 소화시킬 수 없고, 알파 포도당으로 이루어진 녹말은 우리 몸에서 소화되고 흡수됩니다. 식물이 만드는 섬유소는 식물이 만드는 녹말의 양보다 열 배 정도 많다고 합니다. 그러나 사람 몸에서 소화되지 않기 때문에 식량으로 사용할 수 없습니다. 섬유소는 사람 몸에 흡수되지 않기 때문에 아무리 먹어도 열량을 전혀 내지 않지만, 먹은 후 몸 밖으로 배출되는 데 걸리는 시간이 길어 포만감을 느끼게 합니다. 그래서 열량이 낮은 식사를 해야 하는 환자나 체중 감량을 해야 하는 사람에게는 섬유소가 도움이 됩니다.

'식이성 섬유 음료'라는 말을 들어봤을 것입니다. 이렇게 섬유소가 풍부한 제품들의 섬유소는 우리 몸에서 소화되지 않은 채 장을 지나가면서 장을 깨끗하게 청소해 주고, 배변량을 늘려서 변비를 막아줍니다.

당근이나 호박, 고구마 등 주황색을 띠는 식물에 들어 있는 노란 색소인 베타카로틴은 우리 몸에서 비타민 A로 변합니다. 또한 활성 산소를 없애서(항산화 작용) 노화를 막으며, 면역성을 높여주고, 암세포 생성을 억제해 주지요. 토마토나 딸기, 수박의 붉은 색소인 리코펜도 이런 활성 산소에 의한 산화 작용을 억제하며 여러 종류의 암

장 내부의 찌꺼기는 우리한테 맡기라고!
섬유소가 비결이지!

과 심장병을 예방하는 효과가 있다고 합니다.

특히 리코펜은 토마토에 가장 많은데, 유럽에서는 토마토 수확 철이 되면 의사들이 치료받으러 오는 환자가 없어 얼굴이 하얘진다는 말이 있을 정도로 토마토는 건강에 좋습니다. 토마토는 피로를 풀어주는 가장 대표적인 식품으로 과당과 포도당뿐만 아니라 비타민 C와 B_1, B_2 등을 가지고 있고 소금기를 느끼게 하는 맛을 내는 특성이 있어서 음식 조리에 이용하면 혈압 상승을 예방할 수 있습니다.

고추의 매운맛을 내는 캡사이신은 신진대사를 활발하게 일어나도록 해서 몸속의 지방을 분해하는 작용을 합니다. 또 고추에는 비타민 A와 C가 풍부하게 들어 있지요. 특히 비타민 C는 사과의 스무 배, 귤의 두 배 정도 많다고 합니다.

베타카로틴, 캡사이신, 리코펜처럼 식물이 외부 환경으로부터 자신을 보호하기 위해 분비하는 모든 화합물을 가리켜 피토케미컬이라고 합니다. 과일이나 채소의 피토케미컬은 화려하고 짙은 색소에 많이 들어 있는데, 색깔별로는 붉은색, 노란색, 주황색, 보라색 순서로 많이 들어 있습니다. 그밖에 흰색을 띠고 있는 마늘류와 버섯류, 검은색을 띠는 콩류에도 많이 들어 있습니다.

식물에 널리 분포하는 황색 계통의 색소 플라보노이드는 식물의 표피세포에서 자외선을 차단하는 역할을 하는데, 사람의 몸속에 들어와서는 동맥 경화를 예방합니다. 마늘에 들어 있는 강한 향의 알리신은 사람 몸속

활성 산소

불안정한 상태로 존재하는 산소입니다. 우리 몸의 신진대사 과정에서 만들어지는 활성 산소는 몸속에서 산화 작용을 일으켜 세포를 손상시키며 여러 가지 질병을 일으킵니다.

동맥 경화

동맥의 벽이 두꺼워지고 탄력을 잃어 굳어지는 질환을 말합니다. 일종의 노화 현상으로 뇌중풍, 심근 경색 등이 주요 원이 됩니다.

노화를 막고
면역성을 높여 주는
성분이 뭐더라?
베타카로틴
리코펜은
암과 심장병을
예방해 주지요.
리코펜
할아버지
질문에 대한
답~.
알리신
루테인
루테인은
시력에 좋아요.

에서 암을 막아주고 혈액 속의 콜레스테롤의 양을 줄여 주지요. 시금치, 케일 등의 진한 초록색 채소에 많이 들어 있는 루테인은 강한 광선으로부터 눈을 보호해 주어 실명을 예방 또는 치료해 준다고 알려져 있습니다.

TIP 요건 몰랐지?

비타민은 어떻게 이름을 붙일까요?

비타민은 영양소의 하나로, 식품에 극히 소량으로 존재하면서 생물의 생존에 반드시 필요한 물질입니다. 비타민 D를 제외한 다른 비타민은 식품에만 존재하고 우리 몸에서는 만들어지지 않습니다. A, B, C라는 이름은 발견한 순서에 따라 알파벳 순서를 따서 붙인 것이지요. 본래 최초에 발견된 비타민은 일본의 스즈키 우메타로 박사가 1910년에 오리자닌이라는 이름으로 발표한 물질입니다. 나중에 이 물질에는 비타민 A가 아닌 비타민 B_1이라는 이름이 붙었습니다. 왜냐하면 1916년 미국의 영양학자인 맥컬럼과 데이비드가 비타민을 지용성 비타민과 수용성 비타민으로 구분해 지용성을 A, 수용성을 B로 분류했는데, 오리자닌은 수용성이었기 때문입니다. 비타민 B에서 B_1~B_{12}까지 번호가 붙은 이유는 처음 발견한 비타민 B와 같은 성질을 지닌 비타민은 발견 순서에 따라 구분해 놓았기 때문입니다. 비타민에는 A, B, C, D, E, K가 있습니다. 예전에는 F와 G도 있었으나 나중에 비타민과 다르다는 판정을 받아 비타민에서 제외되었습니다.

비타민의 이름은
발견된 순서에
따라 붙여졌구나.

TIP 요건 몰랐지?

비타민 결핍증

비타민 부족이 부족하면 몸에 여러 가지 불편한 증상이 생깁니다. 동물의 경우 비타민이 결핍되면 성장 장애, 체중 저하 등이 나타나며, 이 외에 다음과 같은 증상이 나타납니다.

비타민 A가 부족하면 야맹증, 성장 불량이 나타나고, 비타민 D가 부족하면 구루병, 골연화증이 생깁니다. 비타민 E가 부족하면 세포막이 파괴되고, 비타민 K가 부족하면 혈액 응고가 지연됩니다. 비타민 B_1이 부족하면 각기병에 걸릴 수 있고, 비타민 B_2나 B_6가 부족하면 피부염이 생깁니다. B_{12}가 부족하면 악성 빈혈이 생길 수 있습니다.

비타민 A는 당근, 호박, 토마토, 고기, 간, 장어에 포함되어 있고, 비타민 D는 마른 표고버섯, 목이버섯, 느타리버섯에 포함되어 있으며, 비타민 E는 잣, 호두, 해바라기 씨에 들어 있고, 비타민 K는 양배추에 들어 있습니다.

이러한 증상들은 고유의 비타민 투여해서 회복 또는 예방할 수 있습니다. 하지만 평소에 비타민이 많이 함유된 음식을 골고루 먹어서 결핍증에 걸리지 않도록 해야 합니다.

비타민 결핍증에 걸리지 않으려면 음식을 골고루 먹어야 한다.

Q&A 꼭 알고 넘어가자!

문제 1 배추는 어떻게 소금에 절여지는 것일까요?

문제 2 사과 껍질을 깎아 놓으면 연한 노란색이던 사과 속이 왜 갈색으로 변할까요?

고구마, 바나나도 껍질을 벗겨 두면 갈색으로 변합니다. 모두 공기 중의 산소와 만나 과일 표면에서 산화가 일어난 결과입니다.

3. 쉽게 설명하면 나무에 열리는 열매는 과일이고 풀 종류에 열리는 열매는 채소라고 할 수 있습니다. 채소는 사람이 키우는 한해살이풀을 말하고 과일은 여러해살이 나무나 초본 식물, 즉 나뭇가지에서 자라는 식물의 열매를 말합니다. 사과, 배, 바나나, 파인애플 등은 과일이고, 딸기, 수박, 참외, 토마토 같은 열매는 채소이지만 먹는 채소라 하여 열매채소라고 부르기도 합니다. 과육과 과즙이 풍부하고 달아서 흔히 과일이라고도 합니다.

문제 3 채소와 과일은 어떻게 구분할 수 있을까요?

정답

1. 삼투 현상은 농도가 서로 다른 두 용액을 반투막으로 나누어진 그릇 속에 넣었을 때 용질의 농도가 옅은 쪽에서 짙은 쪽으로 용매(물) 분자가 이동하여 두 농도가 같아지게 하려는 현상입니다. 배추를 소금물에 넣었을 때도 삼투 현상이 일어납니다. 배추 세포막, 즉 반투막을 중심으로 배추 세포막 속은 농도가 낮고 배추가 잠겨 있는 소금물은 농도가 높기 때문에, 배추 세포막 속의 물이 소금물 쪽으로 이동하게 되어 결국 배춧잎의 물이 소금물 쪽으로 빠져버리기 때문에 배춧잎이 쭈글쭈글해지면서 숨이 가라앉게 됩니다. 수분이 빠진 배춧잎은 흐물흐물해지게 되고 김치를 담그기에 좋은 상태가 됩니다.

2. 사과에 들어있는 폴리페놀이라는 물질이 공기 속의 산소와 접촉하여 사과를 갈색으로 변화시킵니다. 감자나

관련 교과

초등 3학년 2학기 3. 혼합물의 분리
초등 5학년 2학기 2. 용액의 성질
중학교 2학년 3. 우리 주위의 화합물

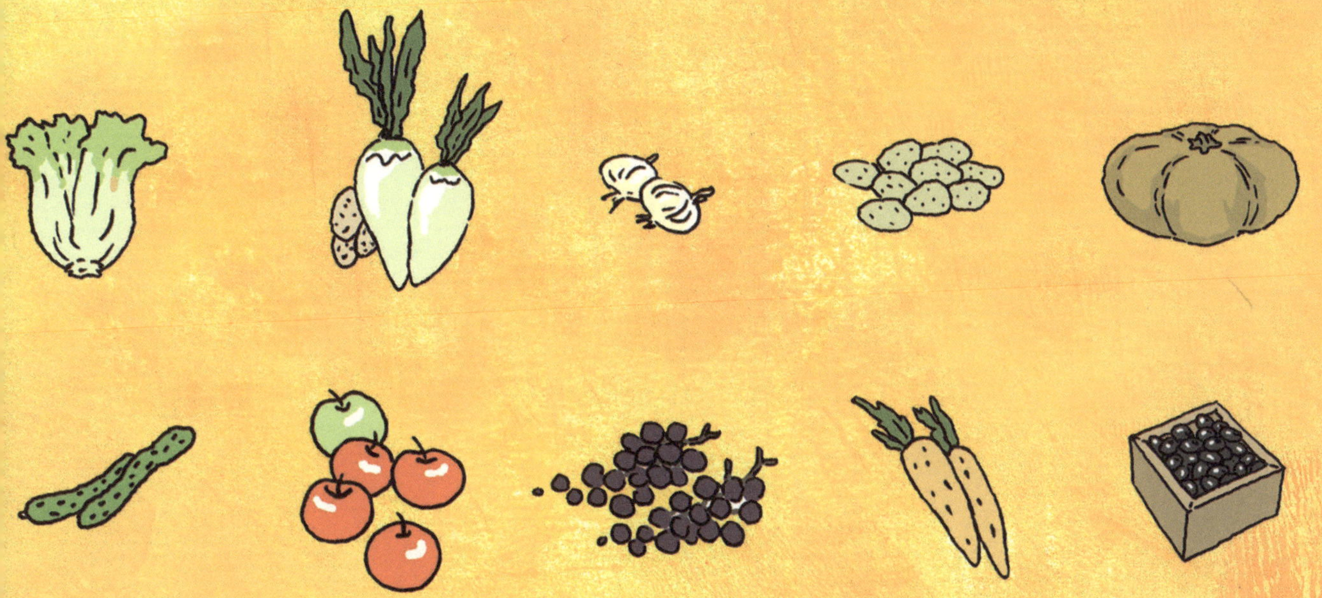

4. 액체 속의 숨은 이야기

튀김 요리를 할 때는 아주 조심해야 합니다. 뜨거운 기름에 물방울이라도 들어가면 놀랄 만한 소리를 내면서 물방울이 튀기 때문입니다. 이건 물과 기름이 친하지 않기 때문에 일어나는 현상입니다. 물과 기름을 친하게 만드는 방법을 알아볼까요?

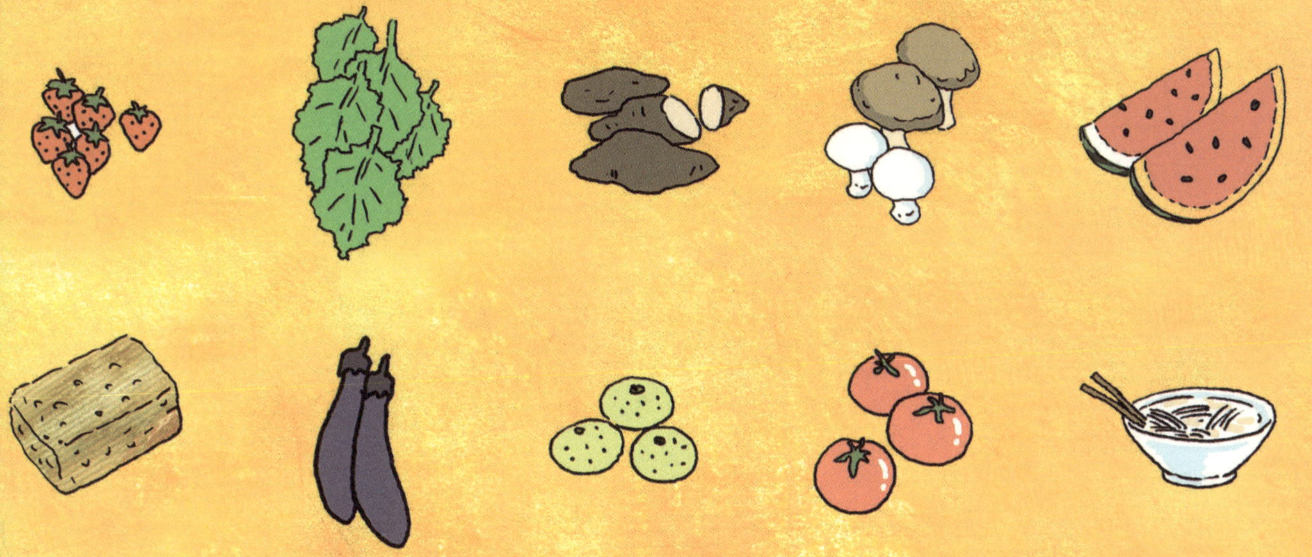

물과 기름의 혼합물인 마요네즈

마요네즈를 집에서 만들어 본 적 있나요? 마요네즈를 만들기 위해서는 먼저 달걀노른자에 식초, 소금과 설탕을 조금씩 넣고 섞습니다. 그리고 기름을 천천히 떨어뜨리면서 거품기로 최대한 세게 한 방향으로 저어주어야 합니다. 이렇게 몇 분만 저어 주면 혼합물은 아주 뻑뻑하고 하얗게 변합니다. 바로 마요네즈가 완성된 것이지요.

찬 마요네즈는 따뜻하게 한 다음 한 방향으로 세게 저어 주면 처음 상태로 돌아온다. © FotoosVanRobin@flickr.com

마요네즈는 세균이 번식하는 것을 막기 위해 냉장고에 넣어서 보관하는 것이 좋습니다. 그러나 마요네즈를 차게 보관하면 층이 분리될 수 있는데, 이런 일이 일어나면 마요네즈를 따뜻하게 한 다음 다시 한 방향으로 세게 저어 주면 처음의 상태로 돌릴 수 있습니다.

마요네즈는 유탁액이라고 합

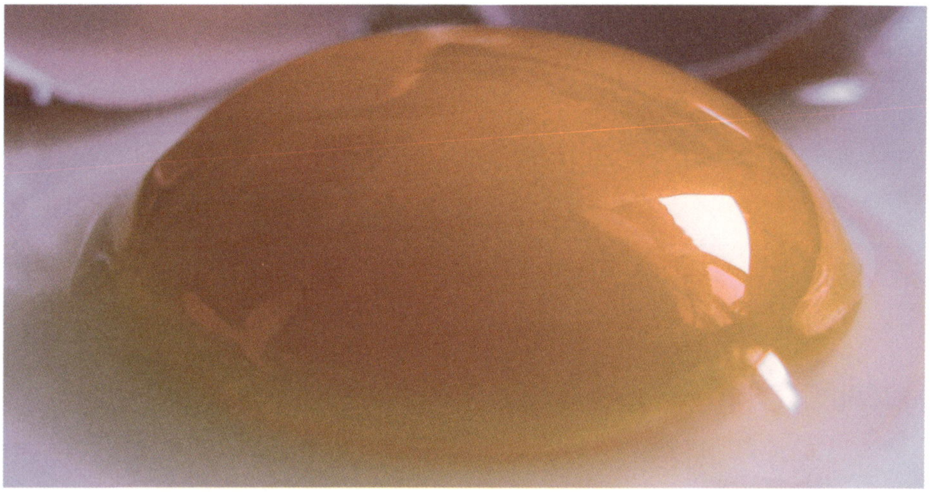
달걀노른자에는 레시틴이 들어 있다.

니다. 유탁액이란 마요네즈, 크림 혹은 우유와 같이 물속에 지방 방울이 흩어져 있거나 버터와 같은 지방 속에 물방울이 분산된 것을 말합니다. 일반적으로 기름은 물과 섞이지 않지만 마요네즈에서는 섞이는데, 그것은 물에 용해되는 부분과 용해되지 않는 부분을 가진 달걀노른자의 분자 때문입니다. 이 분자들은 내용물을 휘저을 때 생기는 기름방울을 둘러싸고 있습니다. 비록 눈으로는 볼 수 없지만 현미경으로 들여다보면 마요네즈가 무수히 많은 작은 기름방울로 이루어졌다는 것을 확인할 수 있습니다.

달걀노른자에는 레시틴이라는 화합물이 들어있습니다. 레시틴은 막대기처럼 길게 생긴 분자인데, 한쪽 끝은 물 분자를 좋아하고(친수성기) 다른 쪽 끝은 기름 분자를 좋아하는(친유성기) 구조로 되어 있지요. 이런 특징 때문에 한쪽 끝으로는 물 분자와 결합하면서 동시에 다른 쪽 끝으로는 기름 분자와 결합할 수 있는 것입니다. 이처럼 서로 다는 두 물질이 맞닿았을 때, 그 경계면에 달라붙어서 두 물질이 서로 섞이게 하는 특징을 가진 것을 계면 활성제(유화제)라고 합니다.

달걀의 노른자위에 들어있는 레시틴이라는 분자가 식용유 방울을 둘러싸면 물과 섞여 에멀션이라는 안정된 상태가 되고 긴 막대기 모양의 레시틴 분자는 식초와 식용유가 들어왔을 때 물과 친한 부분은 식초에 달라붙고, 기름과 친한 부분은 식용유에 달라붙어 식초와 식용유가 자기들끼리 뭉치지 못하도록 하는 역할을 합니다. 달걀노른자 한 개에 들어 있는 약 2g 정도의 레시틴으로 3~4*l* 정도의 마요네즈를 만들 수 있습니다.

물과 기름을
잘 섞으면
마요네즈가 돼.

이온 음료와 탄산음료

이온 음료

운동 후에 시원하게 한 잔 마시는 이온 음료는 순수한 물보다 우리 몸에 더 빨리 흡수됩니다. 게다가 약간 새콤달콤한 맛이 있어 그냥 물보다 마시기도 좋습니다. 이러한 이온 음료에는 우리가 모르는 과학이 숨어 있습니다.

운동선수들을 유심히 살펴보면 운동한 후에 물이 아닌 이온 음료를 마시는 모습을 볼 수 있습니다. 왜 이온 음료가 물보다 더 빨리 우리 몸에 흡수되는 것일까요? 우리의 몸은 대부분은 물로 이루어져 있습니다. 그 안에는 인체의 대사를 유지하는 금속들이 이온이라는 형태로 녹아 있지요.

■ 양이온과 음이온

중성자
전자
양성자
너는 전자가 하나 더 있네!
전자가 하나 더 적을 수도 있어.
양이온
음이온

물질을 이루는 가장 작은 물질을 원자라고 합니다. 모든 원자는 음(-)전기를 띤 전자가 양(+)전기를 띤 원자핵 주변에 분포되어 있지요. 전자와 원자핵 간에는 서로 끌어당기는 힘이 작용하고 있고, 이 힘의 크기는 원자마다 다릅니다. 이 때문에 원자들 사이에서는 전자를 뺏기도 하고 빼앗기기도 합니다. 이온은 이렇게 원자가 본래 가지고 있던 전자를 빼앗기거나 혹은 다른 원자의 전자를 빼앗았을 때 만들어지는 입자입니다. 전자를 빼앗긴 원자는 양이온으로, 전자를 빼앗은 원자는 음이온으로 되는 것입니다.

이온 음료를 마시면 단맛과 약간의 짠맛이 느껴지지요? 이온 음료에는 약간의 당분을 비롯해 나트륨 이온(Na^+), 칼륨 이온(K^+) 등이 많이 들어 있습니다. 원자가 물에 녹았을 때 이온 상태로 바뀌는 물질을 전해질이라고 하는데, 나트륨과 칼륨 같은 금속 이온들은 좋은 전해질입니다. 이런 금속 이온들을 미네랄 혹은 무기질이라고 합니다.

탈수 증상이
심할 땐 이온 음료를
마셔야 해
5:0

우리 몸을 이루는 체액은 많은 무기 염류가 녹아 있는 전해질 수용액입니다. 우리 몸속에 있는 나트륨 이온과 칼륨 이온은 체내의 삼투압을 정상으로 유지하여 체액의 균형을 맞추고, 심장과 신장의 기능을 제대로 작동시켜 생리 작용을 조절합니다.

이온 음료는 격렬한 운동이나 몸을 움직이는 노동 등으로 땀을 많이 흘려 일시적으로 탈수가 심해지고 염분이 많이 빠져나갔을 때만 마시는 것이 좋습니다. 우리 몸에서 포도당, 전해질 이온의 농도가 일정하게 유지되어야 하는데, 땀을 많이 흘리면 수분과 함께 전해질 이온도 배출됩니다. 이렇게 우리 몸에서 빠져나간 수분과 전해질 이온을 빠른 시간 안에 보충해 줄 수 있는 것이 바로 이온 음료이기 때문입니다.

우리가 땀을 많이 흘렸을 때, 평소 마시던 물은 우리 몸의 체액과 농도가 맞지 않아서 빨리 흡수되지 못합니다. 운동을 할 때에는 수분만 빠져나가는 것이 아니라 체액에 들어 있던 나트륨이나 칼륨 등의 무기질도 함께 빠져나갑니다. 따라서 갈증이 난다고 수분만 채워 주면 체액에 불균형이 생겨 체액 삼투압이 일정하게 유지되지 못합니다. 그리고 뇌는 이를 방지하기 위해 더 이상 수분을 마시지 말라고 명령을 내려 부족한 수분을 충분히 보충할 수 없게 되는 것입니다.

가볍게 운동을 했거나 목욕을 했을 때에는 꼭 이온 음료를 마시지 않아도 괜찮습니다. 정상적인 활동을 하는 사람이라면 몸에 꼭 필요한 미네랄은 언제나 조직이나 뼈에 축적되어 있기 때문에 수분 섭취와 전해질 이온이 자연스럽게 보충되어 신체 균형이 깨지는 경우가 거의 없기 때문입니다. 지나친 미네랄 섭취는 오히려 삼투압의 불균형을 일으키고 이온 음료에 들어 있는 당분이 인슐린 분리를 촉진해 저혈당이 나타날 수도 있으니

이온 음료를
너무 좋아해도
탈이 되지요.

조심해야 합니다.

텔레비전에서 이온 음료 광고를 보면 '알칼리성 이온 음료'라고 얘기하는 것을 본 적이 있을 것입니다. 알칼리는 나트륨이나 칼륨이 들어 있는 식물을 태운 재를 뜻하는 말입니다. 화학적으로는 염기에 속하는 리튬, 나트륨, 칼륨 같은 금속 원소를 물에 넣었을 때 만들어지는 화합물을 말합니다. 이런 화합물은 염기성을 띠는데, 그렇다면 이온 음료는 염기성일까요? 음료 속에 알칼리 이온이 들어 있을 뿐이지 음료 자체가 염기성을 띠지는 않습니다.

물질은 산성, 중성, 염기성으로 나뉘는데, 대부분의 물 분자는 이온화하지 않은 채 중성 분자로 되어있습니다. 아주 적은 양의 물 분자만이 이온화되어 수소 이온(H^+)과 수산화 이온(OH^-)을 내놓지요. 바로 물속에 수소 이온 농도를 기준으로 물의 산성과 염기성을 나눕니다. 수소 이온 농도 지수인 pH가 7인 순수한 물을 중성이라고 하고, pH7보다 작으면 산성, pH7보다 크면 염기성이라고 합니다. 이온 음료는 염기성인 나트륨 이온이 많이 들어 있지만, pH4 정도의 산성에 맞춰 만든 산성 음료입니다.

탄산음료

사이다나 콜라와 같은 탄산음료를 마시면 각각의 독특한 맛을 느낄 수 있습니다. 그래서 눈을 감고 먹어도 콜라와 사이다를 구분할 수 있지요. 사이다는 물과 설탕, 그리고 이산화탄소와 향료 등을 녹여서 만듭니다. 그런데도 사이다는 한결같은 맛을 냅니다. 그것은 물과 설탕, 이산화탄소와 향료가 골고루 섞여 있기 때문입니다.

탄산음료를 마시면 톡톡 쏘는 느낌을 받지요? 이 느낌은 물속에 녹은 이산화탄소 때문에 생깁니다. 그럼 기체인 이산화탄소가 어떻게 액체인 물속에 녹아 있는 것일까요? 이산화탄소(CO_2)는 탄소 원자 한 개와 산소 원자 두 개가 결합하여 만들어집니다. 물에 잘 녹는 성질을 가진 이산화탄소가 물과 반응하면 탄산 이온이 생기고, 이 탄산 이온 때문에 톡 쏘는 맛이 납니다.

탄산음료에 기포가 선명하다.
ⓒ Ubcule@the Wikimedia Commons

이산화탄소 기체를 물에 녹이려면 높은 압력이 필요한데, 압력이 높을수록 물에 녹는 기체의 양이 많아집니다. 그래서 탄산음료의 병마개를 따면 압력 때문에 눌려 있던 기체들이 올라오는 것입니다. 또 이산화탄소 기체는 물의 온도가 낮을수록 많이 녹습니다. 물의 온도를 높이면 물속 기체 분자의 운동이 활발해져서 이산화탄소 기체가 물속으로 들어가지 못하고 물 밖으로 튀어나오기 때문입니다. 그래서 컵에 사이다를 따라 두고 시간이 흐른 뒤에 마시면 톡 쏘는 느낌이 거의 사라지게 되는 것입니다.

탄산음료의 온도가 높아지면 음료 속에 있던 이산화탄소가 병의 위쪽 공간으로 이동하기 때문에 뚜껑을 열면 찬 탄산음료보다 더 많은 이산화탄소가 빠져나가게 됩니다. 그렇게 탄산음료에 녹아 있는 이산화탄소의 양이 줄어들기 때문에 톡 쏘는 맛이 사라집니다. 그러므로 남은 탄산음료는 병을 거꾸로 세워 차갑게 보관하면 톡 쏘는 맛을 좀 더 오래 즐길 수 있습니다.

탄산음료는 차갑게
보관해야 톡 쏘는
맛을 즐길 수 있어.

TIP 요건 몰랐지?

버터와 마가린

빵이나 과자를 구울 때 고소한 맛을 더하기 위해 버터나 마가린을 넣습니다. 그런데 버터와 마가린은 어떤 차이가 있을까요?

버터는 신선하거나 발효된 크림이나 우유를 응고시켜 만든 낙농 제품으로, 스프레드나 조미료로 쓰이기도 하고 굽기, 양념 만들기, 볶기 등의 요리에 응용하여 쓰이기도 합니다. 버터는 대부분 소의 젖, 즉 우유에서 만들어지지만, 양, 염소, 버팔로, 야크 같은 다른 포유류의 젖으로도 버터를 만들 수 있어요. 때로는 소금, 향료, 방부제가 버터에 첨가되기도 합니다.

마가린은 동식물성 기름을 원료로 하여 버터와 비슷하게 만든 식품입니다. 보통 식물성 기름을 수소화시켜 만듭니다. 버터보다 값이 싸지만 맛이 비슷하고 영양가가 거의 같아 버터 대신 즐겨 이용되지요. 또한 버터보다 콜레스테롤이 적어 고혈압이나 심장병 환자에게 유용합니다. 하지만 트랜스 지방이 많기 때문에 많이 먹으면 안 됩니다.

마가린은 동식물성 기름을 원료로 하여 버터와 비슷하게 만든 식품이다. © Quadell@the Wikimedia Commons

Q&A 꼭 알고 넘어가자!

문제 1 마요네즈를 만들 때 왜 달걀노른자를 넣을까요?

문제 2 이온 음료는 언제 마시는 게 좋을까요?

은 격렬한 운동 중에 손실되기 쉬운 무기질이므로 운동선수들은 섭취할 필요가 있습니다. 따라서 이온 음료는 격한 운동을 하거나 높은 기온에서 작업을 하느라 땀을 많이 흘려 일시적으로 탈수가 심해지고 염분이 많이 빠져나가는 현상을 보이는 사람에 유용한 음료입니다. 일반인의 경우는 일상적으로 움직이거나 목욕을 한 후 배출되는 수분이나 무기질을 보충하기 위해 이온 음료를 마실 필요는 없습니다.

3. 사이다에서 톡 쏘는 맛이 나는 이유는 이산화탄소가 물에 녹아서 생긴 탄산 이온 때문입니다. 이산화탄소는 물의 온도가 낮을수록 많이 녹기 때문에 사이다가 차가울수록 이산화탄소의 녹는 양이 많아지고 따라서 탄산 이온도 증가하기 때문에 톡 쏘는 맛을 더 강하게 느낄 수 있습니다.

문제 3 왜 사이다가 차가울 때 톡 쏘는 맛이 더 강할까요?

정답

1. 일반적으로 물에 기름을 약간 넣고 저으면 처음에는 아주 작은 기름방울들이 물속을 떠다니다가 시간이 지날수록 하나의 큰 방울로 뭉치는 것을 볼 수 있습니다. 서로 친하지 않은 물과 기름이 만나는 면적을 줄이기 위해 일어나는 현상입니다. 마요네즈를 만들 때 이러한 분리가 일어나지 않고 에멀션 상태를 유지할 수 있도록 일종의 다리 역할을 해주는 물질이 바로 달걀노른자에 들어있는 레시틴입니다. 계면 활성제 레시틴은 친수성과 친유성을 띠고 있어서 마요네즈를 만들 때 물과 기름이 잘 섞이도록 돕습니다.

2. 이온 음료는 체액에 가까운 전해질 용액이므로 빠르게 체내에 흡수되며 땀으로 잃어버린 포도당, 미네랄 등을 신속히 보충해 줍니다. 또한 이온 음료에 들어 있는 나트륨 이온(Na^+), 칼륨 이온(K^+), 마그네슘 이온(Mg^{2+})

관련 교과

초등 5학년 1학기 4. 작은 생물의 세계
중학교 2학년 4. 소화와 순환

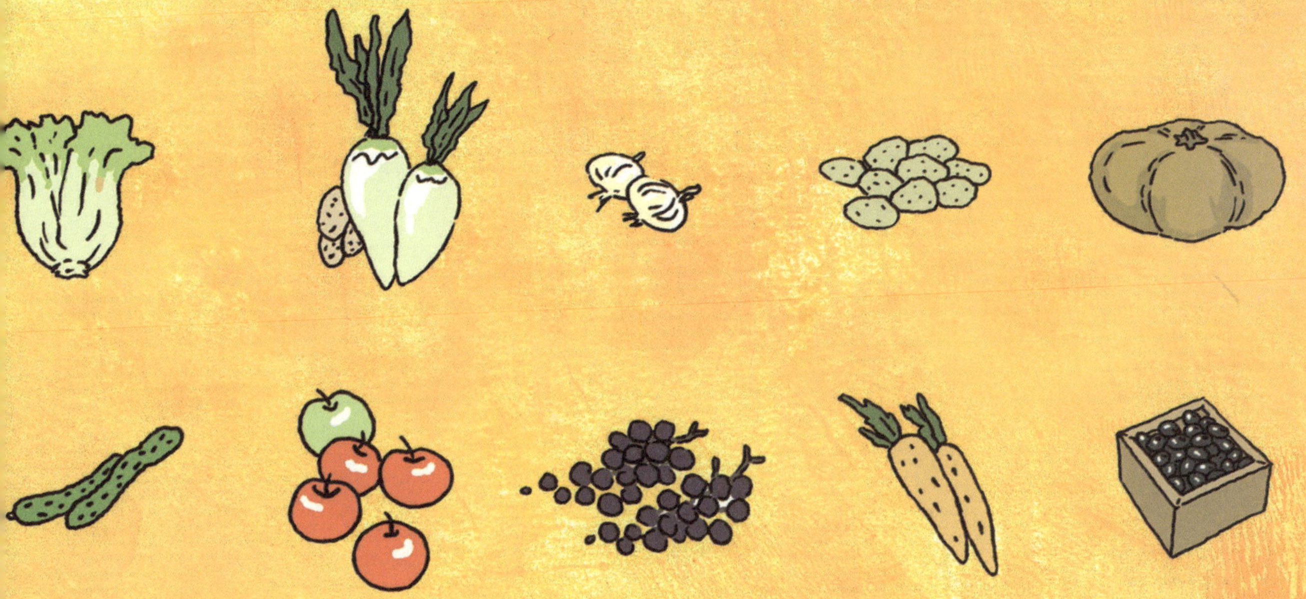

5. 발효 과학 이야기

오랫동안 실온에 두어도 상하지 않는 음식이 있습니다. 된장, 간장, 젓갈, 김치가 대표적인 음식이지요. 이러한 음식들은 오랜 기간 보관이 가능한 것은 물론이고, 시간이 지나면서 오히려 맛과 영양가가 높아집니다. 이것이 바로 발효의 힘입니다.

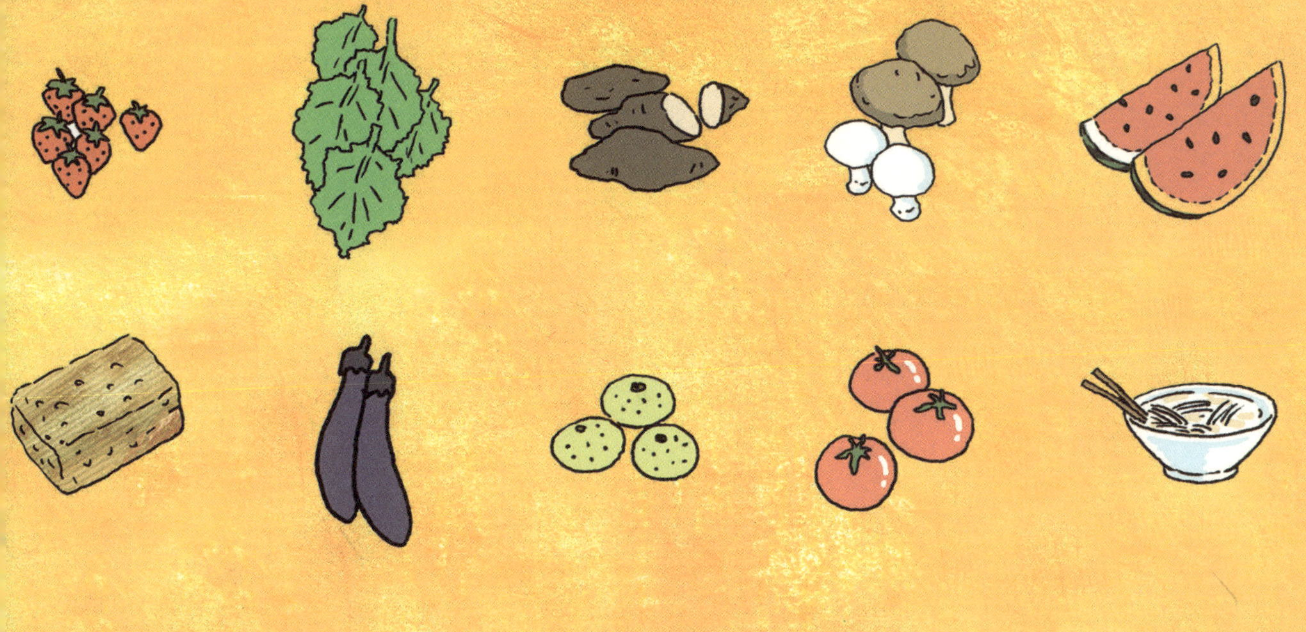

좋은 세균의 활약

발효

발효란 곰팡이, 효모, 세균 같은 미생물이 자신의 효소를 이용해 탄수화물, 단백질 등을 분해하는 과정을 말합니다. 젖산균이나 효모, 곰팡이 등의 효소는 촉매 역할을 하는 단백질입니다. 우유나 콩은 발효를 거치면서 독특한 향과 영양 성분이 생기고, 오랫동안 저장할 수 있는 발효 식품으로 변하게 됩니다.

발효에 관여하는 미생물인 세균, 효모, 곰팡이의 종류는 매우 다양하고, 또 재료와 계절에 따라서도 분포가 달라서 민족과 지역에 따라 독특한 발효 식품이 존재합니다. 미생물이 유기물에 작용하여 물질의 성질을 바꾸어 놓는다는 점에서는 부패와 발효는 닮았습니다. 하지만 화학적 변화의 결과 우리가 이용하려는 물질이 만들어지면 발효라고 하고, 우리에게 해롭거나 원하지 않는 물질이 만들어지면 부패라고 하는 것입니다. 발효로 만들어진 물질은 사람이 먹을 수 있는 맛과 영양가를 지니고 있지만, 부패로 생긴 물질은 악취가 나고 식중독을 일으키기 때문에 사람이 먹을 수 없습니다.

촉매

자신은 변하지 않으면서 다른 물질의 화학 반응 속도를 빠르게 하거나 늦추는 물질입니다.

발효 작용을 이용해서 만든 식품을 발효 식품이라고 하지요. 우리의 전

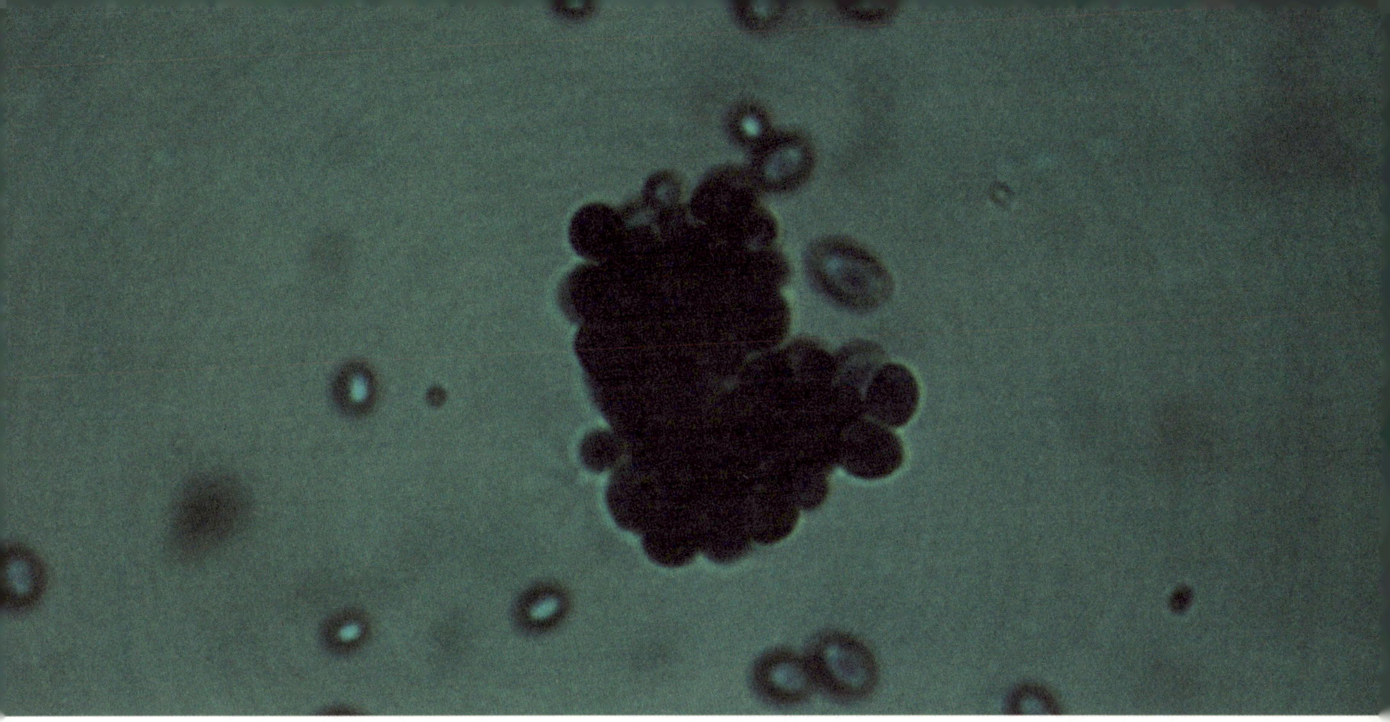

현미경으로 관찰한 효모의 모습. ⓒ Roto2esdios@the Wikimedia Commons

통 식품인 김치와 장류(간장, 된장, 고추장)를 비롯하여 청주, 맥주, 포도주 같은 각종 술과 식초, 빵, 치즈, 요구르트는 세계인이 즐기는 발효 식품입니다. 발효 식품은 재료와 발효에 사용된 미생물의 종류에 따라 각기 독특한 맛과 특성을 지닙니다. 또 영양분도 풍부해지고 소화도 잘 되며, 오래 저장할 수 있습니다. 그뿐만 아니라 병의 원인이 되는 미생물이나 유독 물질을 생성하는 생물체가 자라는 것을 억제하지요.

김치

발효 식품은 한 가지 또는 둘 이상의 미생물을 사용하여 만듭니다. 발효 식품의 대표 격인 김치는 우리나라 고유의 채소 가공식품입니다. 무, 배추, 오이 같은 채소를 소금에 절이고, 고추, 파, 마늘, 생강 등 여러 가지 양념을 넣고 버무려 만드는 식품이지요. 채소에는 사람들에게 반드시 필요한 영양분이 많이 포함되어 있으나, 오랫동안 저장하기 힘든 단점이 있

김치는 대표적인 발효 식품이다. © Nagyman@flickr.com

습니다. 그래서 오랫동안 채소를 저장해 놓고 먹기 위해 생각해 낸 방법이 바로 김치입니다.

김치 발효의 주역은 유산균입니다. 김치는 항암 효과가 있는 것으로 알려져 있으며, 동맥 경화, 고혈압, 심장 질환 등을 예방한다고도 하지요. 요구르트보다 네 배나 많은 유산균을 함유하고 있습니다. 숙성이란 김치가 익는 과정, 즉 유산균이 포도당을 분해시켜 젖산과 이산화탄소를 발생시키는 발효 과정을 말합니다. 이 숙성 과정에서 유산균은 엄청나게 불어납니다. 잘 익은 김치에 많이 들어 있는 유산균은 대장에 사는 정상적인 미생물의 활동을 유지해서 병원균이 발붙일 수 없게 합니다. 김치 특유의 시큼한 맛은 발효되면서 만들어진 많은 양의 젖산과 유산균, 약간의 초산 때문에 생깁니다. 이 젖산과 초산은 모두 약한 산성 물질로서 유해균이 증식하는 것을 억제하는데, 젖산과 초산 덕분에 김치가 잘 썩지 않습니다.

김치가 익어가는 것은 산화 반응의 일종입니다. 채소를 소금에 절이면 채소가 연해지면서 사각사각 씹히는 맛도 있고 오랫동안 저장이 가능해집니다. 채소를 묽은 농도의 소금에 절이면 효소 작용과 발효 작용으로 각기 아미노산과 젖산을 생산하는 숙성 현상이 일어납니다. 삼투 현상으로 수분을 빼앗아 미생물 대부분의 성장을 억제하고 유익한 발효 과정을 거치도록 도와줍니다.

산화

철이 녹슬거나 종이가 타는 것처럼 어떤 물질이 산소와 결합하는 화학 작용입니다. 생물의 노화도 산화의 한 종류입니다.

소금과 다른 김치의 부재료에 농도가 진해지면 삼투 현상이 잘 일어납니다. 또 온도가 높을수록 김치가 빨리 익습니다. 그래서 여름철에는 김치가 빨리 익고 겨울철에는 밖에 내놓아도 서서히 익는 것이지요. 이때 소금의 농도도 달라지는데, 소금의 농도는 겨울보다 여름에 좀 더 진해집니다.

김치가 익어가면서 젖산균이 많아져 젖산 발효가 일어나게 되는데, 이때 생성된 젖산과 소금의 공동 작용으로 채소의 방부 효과는 더욱 커지고 저장성이 생깁니다. 혹시 김치가 시어지는 현상을 줄이고 싶다면 작은 용기에 나눠 담아서 공기와 접하는 것을 최소화하는 것이 좋습니다. 공기와 자주 접하게 되면 공기 중의 산소와 만나 산화 반응을 일으켜 빨리 시어지게 됩니다. 또 무거운 돌로 눌러서 압력을 높이면 모양이 흐트러지는 것을 막고 산화도 적어집니다.

요즘은 김치냉장고를 많이 사용하는데, 예전에는 김장을 하면 땅속에 김장독을 묻어 두었습니다. 김장독을 땅에 묻는 이유는 땅속이 바깥보다 온도의 변화가 적기 때문입니다. 그냥 공기에 두는 것보다 땅에 묻어 두면 온도 변화도 일정하고, 또 공기와의 접촉을 줄여 산화 반응을 방지할 수 있어서 김치를 오랫동안 신선하게 유지할 수 있습니다. 그래서 땅에 묻어 놓은 김장독에서 꺼낸 김치가 냉장고에서 꺼낸 김치보다 더 맛이 있습니다.

간장, 된장, 고추장, 청국장

간장, 된장, 고추장은 우리나라 전통 음식의 간을 맞추고 맛을 내는 전통 양념들이지요. 이런 것들도 김치와 마찬가지로 발효 식품입니다. 그중에 메주를 발효시켜 얻은 간장을 양조간장이라고 합니다. 메주는 콩을 삶아 찧은 다음, 덩어리를 만들어 따뜻한 곳에 두고 발효시켜서 만듭니다. 이 메주를 소금물에 담가 다시 발효시키면 유산균의 일종인 바실러스균이 콩에 들어 있는 단백질을 분해하면서 아미노산과 이산화탄소를 만들어 내지요. 이때 만들어진 아미노산은 영양소를 공급하고 맛을 내는 역할을 합니다. 짠맛만 있던 소금물에 이 아미노산이 녹아 들어가 맛을 더하게 되어 간장이 만들어집니다.

이렇게 간장이 만들어지고 난 후 메주를 건져 내고, 건져낸 메주에 소금을 조금 더 넣고 섞어 으깨어 장독에 넣고 숙성시키면 바실러스균이 계속 발효를 일으켜 된장이 됩니다. 된장은 대표적인 한국의 발효 식품으로 발효에 관여하는 미생물인 세균, 효모, 곰팡이의 종류가 매우 다양하고 재료와 계절에 따라서도 분포가 다양하게 나타납니다. 유해균이나 담배의 발암 물질, 독소를 제거하기도 하고, 해독, 해열에 사용되어 독벌레나 벌에 물리거나 쏘여 생기는 독을 풀어 줍니다. 또 불이나 뜨거운 물에 덴 데

메주. ©hwayoungjung @flickr.com

소금물에 메주를
담가 두면
간장이 되고.
간장
된장
메주
간장을 만들고
건져낸 메주를
으깨면 된장이 되지.

바르면 효과가 있습니다.

된장은 누룩곰팡이에 의해 발효가 되는데, 37℃에서 누룩곰팡이의 발육이 가장 잘 됩니다. 된장국이나 된장찌개는 살짝 끓여서 먹는 것이 가장 좋습니다. 그렇지 않으면 된장의 이로운 성분이 높은 열에 파괴되기 때문입니다.

청국장은 된장과 비슷하지만 끓였을 때 좀 더 고약한 냄새가 납니다. 된장을 만드는 데는 여섯 달 이상이 걸리지만, 청국장은 2~3일 정도면 만들어서 먹을 수 있습니다. 청국장 1g 속에는 유산균이 10억 개 이상 들어있습니다. 그리고 청국장에는 트립신, 아밀라아제 등 여러 효소가 포함되어 있고, 청국균(고초균)에 의해 만들어지는 비타민 B_2도 많이 포함되어 있습니다. 청국장은 콩을 삶아서 볏짚에 붙어 있는 고초균이라 부르는 간상균 분해 효소를 이용해서 만드는데, 발효 과정 중에 고초균이 생산하는 효소 때문에 고약한 맛과 냄새를 내고, 원료인 대두의 당질과 단백질에서 유래한 끈적끈적한 물질이 만들어집니다.

낫토. ⓒ David Monniaux@ the Wikimedia Commons

된장. ⓒ Badagnani@the Wikimedia Commons

요구르트

요구르트는 서양의 대표적인 발효 식품입니다. 산이 많아 맛이 시큼하면서도 상큼하지요. 우유를 주원료로 만드는데, 장의 활동을 도와 소화가 잘 되게 도와줍니다. 요구르트는 원래 터키의 아나톨리아와 발칸 반도 주변의 동유럽 여러 나라에서 오래전부터 먹어 왔습니다. 그러다가 러시아의 세균학자 메치니코프가 "발칸 지방에 장수하는 사람이 많은 것은 요구르트 때문"이라고 주장하면서 유럽은 물론 세계 여러 나라에 널리 퍼졌습니다.

우리가 먹는 요구르트 대부분은 우유를 젖산 발효시켜서 만듭니다. 간단하게 말하면 요구르트는 유산균을 우유에 풍덩 빠뜨려 따뜻한 곳에 두어 만드는 것입니다. 유산균은 젖당을 분해하여 젖산을 만드는 세균을 모두 일컫는 말인데, 그중 가장 중요한 세균은 공 모양을 한 테르모필루스와 막대 모양을 한 불가리쿠스입니다. 불가리쿠스는 우유를 산성화시켜 젖당을 젖산으로 변화시키고, 이렇게 만들어진 젖산은 우유 속의 단백질인 카세인을 응고시킵니다. 그래서 우유가 순두부 처럼 엉기게 됩니다. 또 유산균의 독특한 냄새는 테르모필루스가 따뜻한 곳에서 급격하게 번식하면서 내는 것입니다.

젖산균이 장내에서 각종 비타민 B를 만든다.
ⓒ Oxytousc@the Wikimedia Commons

치즈와 요구르트

치즈는 지금까지 알려진 종류만 2,000가지나 되고, 세계적으로 만들어지고 있는 것만도 500가지나 됩니다. 아시아에서 유럽으로 전파된 치즈는 그리스와 로마 시대를 거치면서 제조법이 완성되었습니다.

로마 제국이 쇠락하고 주변 민족의 침입과 페스트 등 전염병이 퍼지면서 유럽이 암흑기에 접어든 뒤로 치즈의 제조 기술도 점차 쇠퇴했습니다. 이 시기에 중세 각지의 수도원들은 치즈의 제조 기술을 보전, 발전시키고

우유에 유산균을 넣어 잘 저어 준 뒤에
이불 속에 따뜻하게 두면 요구르트가 된단다.
우아, 맛있겠다!

치즈는 지금까지 알려진 종류가 2,000가지에 달하고 세계적으로 만들어지고 있는 것만도 500가지에 육박한다. ⓒ Archenzo@the Wikimedia Commons

이를 농민들에게 전수했습니다. 르네상스 시대 이후 생우유, 즉 가공하지 않은 우유의 위생 문제에 대해 불안을 느낀 사람들이 치즈 먹기를 꺼렸지만, 19세기 파스퇴르의 저온 살균법과 냉장고가 등장하면서 치즈는 다시 인기 식품이 되었습니다.

우리나라에서는 광복 후 서양식 음식 문화가 소개되면서 수입된 치즈가 퍼지기 시작하여, 1975년부터 국내에서도 생산하기에 이르렀습니다. 국민 소득이 늘어나고 식생활이 점차 서구화하면서 국내 치즈의 소비량은 빠른 속도로 증가하고 있습니다. 우리에게 가장 많이 알려진 것은 발효 치즈입니다. 발효 치즈는 우유를 자연적으로 숙성시켜 만들기도 하고, 유산균이나 곰팡이를 넣어 발효시켜 만들기도 합니다.

락토바실러스 카제이는 치즈에 가장 많이 들어 있는 유산균입니다. 이 균으로 우유를 발효시킨 것이 바로 요구르트라고 불리는 발효유입니다. 치즈의 발효균과 요구르트 발효균이 똑같은 것이지요.

TIP 요건 몰랐지?

빵은 왜 부풀어 오를까요?

이스트를 넣어 반죽한 밀가루가 40분 후에 오른쪽 사진처럼 반죽이 부풀어 올랐다. ⓒ ElinorD@the Wikimedia Commons

빵을 만들기 위해 밀가루를 반죽할 때 이스트나 베이킹파우더를 넣습니다. 이스트는 효모라고도 하는데 알코올 발효를 일으킵니다. 이스트는 당분을 발효시키는데, 이때 이산화탄소 등 가스가 나와 빵을 부풀립니다. 베이킹파우더는 흰색의 고운 가루로 가스를 발생시키는 탄수소나트륨으로 만듭니다. 탄산수소나트륨은 가열하면 이산화탄소가 발생합니다. 이산화탄소 기포가 발생하면서 저절로 빵에 수많은 구멍이 생기고 빈 공간이 생기게 되면 빵이 차지고 푹신푹신하게 구워집니다.

Q&A 꼭 알고 넘어가자!

문제 1 부패와 발효의 차이는 무엇일까요?

문제 2 배추는 오랫동안 방치하면 썩지만 배추로 김치를 담가두면 썩지 않습니다. 왜 그럴까요?

록 도와줍니다. 잘 익은 김치 특유의 시큼한 맛은 발효되면서 만들어진 많은 양의 젖산과 유산균, 약간의 초산 때문에 생깁니다. 이 젖산과 초산은 모두 약한 산성 물질로서 유해균이 증식하는 것을 억제하는데, 젖산과 초산 덕분에 김치가 잘 썩지 않습니다.

3. 떠먹는 요구르트는 우유나 산양유에 유산균을 넣고 따뜻한 곳에 두어 만듭니다. 유산균은 젖당을 분해하여 젖산을 만드는 세균을 모두 일컫는 말인데, 그중 가장 중요한 세균은 공 모양을 한 테르모필루스와 막대 모양을 한 불가리쿠스입니다. 불가리쿠스는 우유를 산성화시켜 젖당을 젖산으로 변화시키고, 이렇게 만들어진 젖산은 우유 속의 단백질인 카세인을 응고시킵니다. 그래서 우유가 순두부처럼 엉기게 됩니다.

문제 3 숟가락으로 떠먹는 걸쭉한 요구르트는 어떻게 만들 수 있을까요?

정답

1. 부패균과 발효균은 종류가 다릅니다. 혐기성균, 대장균, 구균과 같은 부패균은 단백질을 부패시키는 세균류를 말합니다. 부패균이 활동하면 아민이나 황화수소가 발생해서 악취가 납니다. 부패균은 저온, 건조, 산성, 고농도 설탕이나 소금이 있는 환경에서는 번식할 수 없기 때문에 오래 보관하기 힘든 채소를 설탕이나 소금에 절여서 보관하며 먹게 되었는데, 이처럼 화학적 변화의 결과 우리가 이용하려는 물질이 만들어지는 과정을 발효라고 합니다. 발효로 만들어진 물질은 사람이 먹을 수 있는 맛과 영양가를 지니게 됩니다.

2. 배추를 묽은 농도의 소금에 절이면 효소 작용과 발효 작용으로 각기 아미노산과 젖산을 생산하는 숙성 현상이 일어납니다. 삼투 현상으로 수분을 빼앗아 미생물 대부분의 성장을 억제하고 유익한 발효 과정을 거치도